从零开始学法律

李伟龙 —— 著

老年人法律常识88问

中国法制出版社
CHINA LEGAL PUBLISHING HOUSE

目录 Contents

一、赡养问题

第1问
哪些人员属于老年人的法定赡养人? _003

第2问
法律是如何规定赡养人的义务的? _005

第3问
子女能否以声明放弃继承权或者其他理由,拒绝履行赡养义务? _008

第4问
老年人再婚后,子女是否还有赡养义务? _010

第5问
父母有退休金,子女就可以不履行赡养义务吗? _012

第6问
女儿出嫁后,仍有赡养父母的义务吗? _014

第7问
何种情况下,孙子女、外孙子女对祖父母、外祖父母有赡养义务? _016

第 8 问
老年人与养子女解除收养关系后，养子女还有赡养义务吗？ _018

第 9 问
老年人超过三年没要求子女支付赡养费，还可以要求子女支付吗？ _020

第 10 问
赡养人之间是否可以签订赡养协议？ _022

第 11 问
多子女家庭，可以指定其中一名子女养老吗？ _024

第 12 问
如果老年人和潜在监护人之间存在矛盾，不想某人担任自己的监护人，或潜在监护人无法履行监护职责，这时应该怎么办？ _026

第 13 问
对于生活不能自理的老年人是否可以委托给他人照顾？ _029

第 14 问
儿子在国外长居，老伴儿也去世了，年纪越来越大，万一哪天生活无法自理可怎么办？ _030

第 15 问
子女赡养父母不周，将其送进养老院的，该如何处理？ _032

第 16 问
赡养父母，只给赡养费就可以吗？ _034

目录

第 17 问
子女不给父母赡养费，怎么办？ _036

第 18 问
儿子结婚后，让老母亲回破旧老宅居住，是否违法？ _039

第 19 问
法律规定养老机构有哪些服务规范？ _041

第 20 问
养老机构中途变更或者终止，不提供服务了，老年人该怎么办？ _044

第 21 问
准备和养老机构签署服务协议，有哪些条款需要注意？ _046

第 22 问
养老机构疏于管理，导致老年人受到第三人侵害受伤或死亡的，要承担责任吗？ _048

第 23 问
养老机构工作人员对老年人人身和财产有违法伤害行为的，该怎么办？ _050

二、遗产继承

第 24 问
《中华人民共和国民法典》规定的继承方式有几种？ _055

第 25 问
老年人有哪些立遗嘱的方式？ _058

第26问
遗嘱一定要公证才有效吗? _061

第27问
年纪越来越大,想提前准备遗嘱,怎么样才能订立一份有效的遗嘱呢? _063

第28问
临终时的口头遗嘱有效吗? _065

第29问
当遗嘱继承与遗赠扶养协议发生冲突时,哪个效力优先? _067

第30问
老年人立遗嘱后是否可以变更或撤回? _069

第31问
老年人可以把财产留给孙子女吗? _071

第32问
老年人把财产给其一个子女,是否需经其他子女同意放弃继承权? _073

第33问
丧偶儿媳、丧偶女婿是否享有继承权? _075

第34问
对老年人不尽赡养义务的子女是否能够分得老年人的财产? _077

第35问
子女虐待父母,情节严重的,还能继承父母的遗产吗? _079

三、房屋住宅

第36问
老年人想把名下的房屋过户给儿子,又担心将来被儿子赶出家门,怎么办? _085

第37问
老年人赠房之后还能反悔吗? _087

第38问
老年人可以把房子过户给孙子吗? _090

第39问
老年人是否可以立遗嘱将房屋赠给保姆? _093

第40问
父母为子女买房需要注意什么? _095

第41问
父母在儿女结婚前,给儿女付首付购房,婚后小两口儿共同还贷的,该房屋所有权归谁? _098

第42问
双方父母共同为子女购房且为全额出资,该房屋所有权归谁? _100

第43问
婚后一方父母全额出资给子女买房,产权登记在子女的名下,该房屋所有权归谁? _102

第44问
婚后一方父母全额出资,但产权登记在出资人子女配偶或双方名下,该房屋所有权归谁? _104

第45问
婚前一方父母全额出资买房，产权登记在双方子女或另一方子女名下的，离婚时该房屋所有权归谁? _106

第46问
婚前一方父母全额出资买房，产权登记在出资一方父母的子女名下，离婚时该房屋所有权归谁? _108

第47问
婚后一方父母给子女支付首付款购房，小两口儿共同还贷的，该房屋所有权归谁? _110

四、婚姻家庭

第48问
老年人与配偶之间有相互扶养的义务吗? _115

第49问
老年人想再婚或者离婚，子女有权干涉吗? _117

第50问
老年人再婚不领证，能否规避法律问题? _119

第51问
老年人再婚前应怎样确定各自的财产权? _121

第52问
老年人再婚后不幸福，想离婚怎么分割财产? _124

第53问
子女不回家探望，父母可以起诉子女吗? _126

第54问

老年人如何拒绝子女"啃老"? ___128

第55问

老年人与家庭成员因赡养、扶养、财产发生纠纷,依法该怎么处理? ___131

五、财产与人身保护

第56问

老年人的家属恶意侵占老年人的财产,该怎么办? ___135

第57问

老年人遭遇家庭暴力怎么办? ___137

第58问

老年人遭到虐待该怎么解决? ___139

第59问

老年人受到人身伤害时,怎样维护自己的权利? ___141

第60问

老年人因年老生病丧失或部分丧失民事行为能力后,谁可以担任监护人,维护老年人的合法权益? ___143

第61问

老年人的监护人不履行监护职责或者侵害老年人的合法权益时,该怎么办? ___145

第 62 问
邻居乱堆放垃圾、夜间制造噪声等影响到老年人正常生活的，该怎么办？　　_147

六、预防诈骗

第 63 问
常见的诈骗方式有哪些？　　_151

第 64 问
老年人如何防范"以房养老"骗局？　　_154

第 65 问
老年人如何防范电信诈骗？　　_156

第 66 问
老年人如何避免养生保健陷阱？　　_158

第 67 问
老年人如何防范非法集资陷阱？　　_159

第 68 问
老年人如何避开投资理财陷阱？　　_161

第 69 问
免费、低价旅游可以相信吗？　　_163

七、社会参与

第 70 问
老年人是否还可以再接受教育？　　_167

目录

第71问
老年人还能开车上路吗？有没有限制条件？ _169

第72问
对保障老年人的医疗需要有何法律规定？ _171

第73问
制定涉及老年人权益的法律、法规和公共政策，是否应听取老年人的意见？ _173

第74问
老年人再就业，如何更好地自我保护？ _175

第75问
老年人再就业属于法律意义上的"劳动者"吗？ _177

第76问
已经达到法定退休年龄的老年人，在工作中发生伤亡事故，可以申请工伤保险待遇吗？ _179

八、社会保障

第77问
企业职工基本养老保险缴费年限不够，能办退休和领养老金吗？ _183

第78问
什么情形才可以享受最低生活保障待遇？ _185

第79问
享受特困人员供养待遇需要满足什么条件？ _187

第80问
特困人员供养制度有哪些内容? _189

第81问
如何申请特困人员供养? _191

第82问
哪些老年人可以被政府兴办的养老机构优先服务? _193

第83问
哪些老年人由人民政府给予救济? _195

九、救济与维权

第84问
当老年人的合法权益受到侵害时,有哪些救济途径? _201

第85问
老年人的合法权益受侵害又没有钱起诉,该怎么解决? _203

第86问
老年人可以获得哪些形式的法律援助? _205

第87问
哪些情形下老年人可以申请法律援助? _206

第88问
老年人如何申请法律援助? _209

一、赡养问题

 **导读**

　　赡养老人是中华民族的传统美德，也是每个子女的法定义务。当前，我国已经进入人口老龄化阶段，老年人的赡养也成为我国重点关注的问题之一。赡养，系指子女等赡养义务人对父母或长辈等被赡养人在经济上供养、生活上照料和精神上慰藉的照顾和扶助。本部分通过解读《中华人民共和国民法典》和《中华人民共和国老年人权益保障法》中赡养义务人、赡养内容、赡养费等，结合老年人在实际生活中碰到的法律问题，进行释法说理，以期告诫子女依法承担应尽的赡养义务，同时也帮助老年人在遇到子女拒绝承担赡养义务时，勇于拿起法律武器，维护自身合法权益。

一、赡养问题

第1问

哪些人员属于老年人的法定赡养人？

依据《中华人民共和国老年人权益保障法》第十四条的规定："赡养人应当履行对老年人经济上供养、生活上照料和精神上慰藉的义务，照顾老年人的特殊需要。赡养人是指老年人的子女以及其他依法负有赡养义务的人。赡养人的配偶应当协助赡养人履行赡养义务。"《中华人民共和国民法典》第二十六条规定："父母对未成年子女负有抚养、教育和保护的义务。成年子女对父母负有赡养、扶助和保护的义务。"此外，第一千零七十四条还规定："有负担能力的祖父母、外祖父母，对于父母已经死亡或者父母无力抚养的未成年孙子女、外孙子女，有抚养的义务。有负担能力的孙子女、外孙子女，对于子女已经死亡或者子女无力赡养的祖父母、外祖父母，有赡养的义务。"

从上述法律规定可知，赡养人是指老年人的子女以及其他依法负有赡养义务的人。赡养人的配偶应当协助赡养人履行赡养义务。对于法定赡养人而言，应当履行对老年人经济上供养、生活上照料和精神上慰藉的义务，照顾老年人的特殊需要。

其中，老年人的子女指成年子女，即年满十八周岁的子女，具体包括婚生子女、非婚生子女、养子女和依法负有赡养义务的继子女。

此外，其他依法负有赡养义务的人，具体指老年人的有负担能力的孙子女、外孙子女。

一、赡养问题

第 2 问

法律是如何规定赡养人的义务的？

赡养老人是中华民族的传统美德，也是每个子女的法定义务。根据《中华人民共和国老年人权益保障法》第十三条的规定："老年人养老以居家为基础，家庭成员应当尊重、关心和照料老年人。"第十四条还规定："赡养人应当履行对老年人经济上供养、生活上照料和精神上慰藉的义务，照顾老年人的特殊需要。赡养人是指老年人的子女以及其他依法负有赡养义务的人。赡养人的配偶应当协助赡养人履行赡养义务。"

从上述法律规定可知，赡养人对老年人应当履行经济上供养、生活上照料和精神上慰藉的义务，照顾老年人的特殊需要，具体包括：

一是，保障居住义务。赡养人应当妥善安排老年人的住房，不得强迫老年人居住或者迁居条件低劣的房屋。老年人自有的或者承租的住房，子女或者其他亲属不得侵占，不得擅自改变产权关系或者租赁关系。老年人自有的住房，赡养人负有维修的义务。

二是，照料义务。对于生活不能自理的老年人，赡养人应当承担照料责任；不能亲自照料的，可以按照老年人的意愿委托他人或者养老机构等照料。

三是，医疗保障义务。赡养人应当使患病的老年人及时得到治疗和护理；对经济困难的老年人，应当提供医疗费用。

四是，家庭成员应当关心老年人的精神需求，不得忽视、冷落老年人。与老年人分开居住的家庭成员，应当经常看望或者问候老年人。法律还规定了用人单位应当按照国家有关规定保障赡养人探亲休假的权利。

五是，赡养人不得侵犯老年人的财产权益。老年人对个人的财产，依法享有占有、使用、收益和处分的权利，子女或者其他亲属不得干涉，不得以窃取、骗取、强行索取等方式侵犯老年人的财产权益。老年人有依法继承父母、配偶、子女或者其他亲属遗产的权利，有接受赠与的权利。子女或者其他亲属不得侵占、抢夺、转移、隐匿或者损毁应当由老年人继承或者接受赠与的财产。老年人以遗嘱处分财产，应当依法为老年配偶保留必要的份额。

六是，赡养人不得干涉老年人的婚姻自由。老年人的婚姻自由受法律保护。子女或者其他亲属不得干涉老年人离婚、再婚及婚后的生活。赡养人的赡养义务不因老年人的婚姻关系变化而消除。

七是，赡养人有义务耕种或者委托他人耕种老年人承包的田地，照管或者委托他人照管老年人的林木和牲畜等，收益归老年人所有。

八是，赡养人不得以放弃继承权或者其他理由，拒绝履行赡养义务。赡养人不履行赡养义务，老年人有要求赡养人付给赡养费等权利。赡养人不得要求老年人承担力不能及的劳动。

九是，禁止对老年人实施家庭暴力。否则，公安机关或人民检察院和人民法院将视情节轻重，对实施侵害者给予行政处罚或依法追究刑事责任。

第 3 问

子女能否以声明放弃继承权或者其他理由，拒绝履行赡养义务？

根据《中华人民共和国民法典》第一千零六十七条的规定："父母不履行抚养义务的，未成年子女或者不能独立生活的成年子女，有要求父母给付抚养费的权利。成年子女不履行赡养义务的，缺乏劳动能力或者生活困难的父母，有要求成年子女给付赡养费的权利。"第一千零六十九条还规定："子女应当尊重父母的婚姻权利，不得干涉父母离婚、再婚以及婚后的生活。子女对父母的赡养义务，不因父母的婚姻关系变化而终止。"

同时，《中华人民共和国老年人权益保障法》第十九条规定："赡养人不得以放弃继承权或者其他理由，拒绝履行赡养义务。赡养人不履行赡养义务，老年人有要求赡养人付给赡养费等权利。赡养人不得要求老年人承担力不能及的劳动。"第二十一条还规定："老年人的婚姻自由受法律保护。子女或者其他亲属不得干涉老年人离婚、再婚及婚后的生活。赡养人的赡养义务不因老年人的婚姻关系变化而消除。"

一、赡养问题

从上述法律规定可知，子女不能以声明放弃继承权或者其他理由，拒绝履行赡养义务。《中华人民共和国民法典》和《中华人民共和国老年人权益保障法》等相关法律均明确规定，子女对父母的赡养义务为法定义务，子女不得以放弃继承权或者其他理由，拒绝履行赡养义务。如子女拒不履行赡养义务的，缺乏劳动能力或者生活困难的老年人，有权要求成年子女给付赡养费。

第 4 问

老年人再婚后，子女是否还有赡养义务？

根据《中华人民共和国民法典》第一千零六十七条的规定："父母不履行抚养义务的，未成年子女或者不能独立生活的成年子女，有要求父母给付抚养费的权利。成年子女不履行赡养义务的，缺乏劳动能力或者生活困难的父母，有要求成年子女给付赡养费的权利。"第一千零六十九条还规定："子女应当尊重父母的婚姻权利，不得干涉父母离婚、再婚以及婚后的生活。子女对父母的赡养义务，不因父母的婚姻关系变化而终止。"

同时，《中华人民共和国老年人权益保障法》第十九条规定："赡养人不得以放弃继承权或者其他理由，拒绝履行赡养义务。赡养人不履行赡养义务，老年人有要求赡养人付给赡养费等权利。赡养人不得要求老年人承担力不能及的劳动。"第二十一条还规定："老年人的婚姻自由受法律保护。子女或者其他亲属不得干涉老年人离婚、再婚及婚后的生活。赡养人的赡养义务不因老年人的婚姻关系变化而消除。"

从上述法律规定可知，子女对父母的赡养义务为法定义务。

老年人再婚后,子女仍具有赡养义务,该义务并不会因老年人再婚而消除。老年人的婚姻自由受法律保护,子女或者其他亲属不得干涉老年人离婚、再婚及婚后的生活。

需要注意的是,依据《中华人民共和国老年人权益保障法》第七十六条的规定,如子女干涉老年人婚姻自由的,由有关单位给予批评教育;如子女的行为构成违反治安管理行为的,依法给予治安管理处罚;如子女的行为构成犯罪的,依法追究刑事责任。

第 5 问

父母有退休金，子女就可以不履行赡养义务吗？

根据《中华人民共和国民法典》第一千零六十七条的规定："父母不履行抚养义务的，未成年子女或者不能独立生活的成年子女，有要求父母给付抚养费的权利。成年子女不履行赡养义务的，缺乏劳动能力或者生活困难的父母，有要求成年子女给付赡养费的权利。"同时，《中华人民共和国老年人权益保障法》第十九条还规定："赡养人不得以放弃继承权或者其他理由，拒绝履行赡养义务。赡养人不履行赡养义务，老年人有要求赡养人付给赡养费等权利。赡养人不得要求老年人承担力不能及的劳动。"

从上述法律规定可知，父母有退休金，子女仍需要履行赡养义务。赡养父母既是中华民族的传统美德，也是子女的法定义务。父母有退休金虽可以减轻子女的负担，但并不能免除子女的法定赡养义务。在父母年老时，子女更应妥善加以照顾，关心、尊重父母，积极履行对老年人经济上的供养、生活上的照料和精神上的慰藉等义务，照顾老年人的特殊需要，让老年人安度晚年。

一、赡养问题

另外，根据《中华人民共和国老年人权益保障法》第七十六条的规定，如果子女对老年人负有赡养义务、扶养义务而拒绝赡养、扶养，由有关单位给予批评教育；如子女的行为构成违反治安管理行为的，依法给予治安管理处罚；如子女的行为构成犯罪的，依法追究刑事责任。

第6问

女儿出嫁后，仍有赡养父母的义务吗？

根据《中华人民共和国民法典》第二十六条的规定："父母对未成年子女负有抚养、教育和保护的义务。成年子女对父母负有赡养、扶助和保护的义务。"《中华人民共和国老年人权益保障法》第十九条规定："赡养人不得以放弃继承权或者其他理由，拒绝履行赡养义务。赡养人不履行赡养义务，老年人有要求赡养人付给赡养费等权利。赡养人不得要求老年人承担力不能及的劳动。"《中华人民共和国民法典》第一千零六十七条还规定："父母不履行抚养义务的，未成年子女或者不能独立生活的成年子女，有要求父母给付抚养费的权利。成年子女不履行赡养义务的，缺乏劳动能力或者生活困难的父母，有要求成年子女给付赡养费的权利。"

从上述法律规定可知，成年子女对父母负有赡养、扶助和保护的义务。规定中所称的"子女"包括已婚、未婚的成年儿子和女儿。因此，出嫁后的女儿同样具有赡养义务，女儿不能以出嫁为由免除该义务，赡养父母是子女的法定义务。

一、赡养问题

根据《中华人民共和国老年人权益保障法》第七十六条的规定，出嫁后的女儿对老年人负有赡养义务、扶养义务而拒绝赡养、扶养，由有关单位给予批评教育；构成违反治安管理行为的，依法给予治安管理处罚；构成犯罪的，依法追究刑事责任。当然，出嫁的女儿对父母的遗产也是享有继承权的。

第 7 问

何种情况下，孙子女、外孙子女对祖父母、外祖父母有赡养义务？

根据《中华人民共和国民法典》第一千零七十四条的规定："有负担能力的祖父母、外祖父母，对于父母已经死亡或者父母无力抚养的未成年孙子女、外孙子女，有抚养的义务。有负担能力的孙子女、外孙子女，对于子女已经死亡或者子女无力赡养的祖父母、外祖父母，有赡养的义务。"

从上述法律规定可知，孙子女、外孙子女对祖父母、外祖父母承担赡养义务，需要同时满足以下条件：

一是，祖父母、外祖父母需要赡养。祖父母在缺乏劳动能力或者生活困难时，才可向孙子女、外孙子女提出赡养的要求。

二是，祖父母、外祖父母的子女已经死亡或子女无力赡养。无力赡养，是指祖父母、外祖父母的子女不能以自己的收入满足其合理的生活、教育、医疗等需要。

三是，孙子女、外孙子女有负担能力。即孙子女、外孙子女以自己的收入满足自己和第一顺序扶养权人（配偶、子女和父母）合理的生活、教育、医疗等需求后仍有剩余的。

当然,如果祖孙之间不存在前述情形的,孙子女、外孙子女自愿进行扶养、赡养也是可以的。

第8问

老年人与养子女解除收养关系后，养子女还有赡养义务吗？

依据《中华人民共和国民法典》第一千一百一十七条的规定："收养关系解除后，养子女与养父母以及其他近亲属间的权利义务关系即行消除，与生父母以及其他近亲属间的权利义务关系自行恢复。但是，成年养子女与生父母以及其他近亲属间的权利义务关系是否恢复，可以协商确定。"第一千一百一十八条还规定："收养关系解除后，经养父母抚养的成年养子女，对缺乏劳动能力又缺乏生活来源的养父母，应当给付生活费。因养子女成年后虐待、遗弃养父母而解除收养关系的，养父母可以要求养子女补偿收养期间支出的抚养费。生父母要求解除收养关系的，养父母可以要求生父母适当补偿收养期间支出的抚养费；但是，因养父母虐待、遗弃养子女而解除收养关系的除外。"

从上述法律规定可知，当养父母与养子女解除收养关系后，养子女与养父母之间的权利义务关系全部消除，即养子女不再负有赡养义务。但是，经养父母抚养的成年养子女，如果养父母缺

一、赠养问题

乏劳动能力又缺乏生活来源的,应当支付生活费。

另外,如果是养子女的生父母要求解除收养关系的,养父母可以要求生父母适当补偿收养期间支出的抚养费。但是,因养父母虐待、遗弃养子女而解除收养关系的除外。

第 9 问

老年人超过三年没要求子女支付赡养费，还可以要求子女支付吗？

依据《中华人民共和国民法典》第一百九十六条的规定："下列请求权不适用诉讼时效的规定：（一）请求停止侵害、排除妨碍、消除危险；（二）不动产物权和登记的动产物权的权利人请求返还财产；（三）请求支付抚养费、赡养费或者扶养费；（四）依法不适用诉讼时效的其他请求权。"

《中华人民共和国民法典》第一千零六十七条规定："父母不履行抚养义务的，未成年子女或者不能独立生活的成年子女，有要求父母给付抚养费的权利。成年子女不履行赡养义务的，缺乏劳动能力或者生活困难的父母，有要求成年子女给付赡养费的权利。"同时，《中华人民共和国老年人权益保障法》第十九条还规定："赡养人不得以放弃继承权或者其他理由，拒绝履行赡养义务。赡养人不履行赡养义务，老年人有要求赡养人付给赡养费等权利。赡养人不得要求老年人承担力不能及的劳动。"

从上述法律规定可知，老年人超过三年没要求子女支付赡养

一、赡养问题

费,还是可以要求子女支付赡养费的。老年人要求子女支付赡养费,不需要适用三年诉讼时效的规定。如果成年子女不履行赡养义务,缺乏劳动能力或者生活困难的父母,可以随时要求成年子女给付赡养费。

司法实践中,赡养费标准是按照当地经济水平、被赡养人的实际需求、赡养人的经济能力予以确认的。成年子女对父母负有赡养的义务,应当履行对父母经济上供养、生活上照料和精神上慰藉的义务,照顾父母的特殊需要。赡养费的给付内容主要包括:老年人的基本赡养费;老年人的生病治疗费用;生活不能自理老年人的护理费用;老年人的住房费用;必要的精神消费支出;必要的保险金费用。

此外,赡养费的计算方式具体如下:计算子女家庭的人均月收入,子女人均月收入低于最低生活保障线时,视为该子女无力向父母提供赡养费。子女家庭人均月收入高于最低生活保障线时,按超出部分计算赡养费;有两个子女以内的按50%计算赡养费;有三个子女以上的按40%计算赡养费;应付的赡养费除以被赡养人数得出付给每个被赡养人的赡养费。

第 10 问

赡养人之间是否可以签订赡养协议？

根据《中华人民共和国老年人权益保障法》第二十条的规定："经老年人同意，赡养人之间可以就履行赡养义务签订协议。赡养协议的内容不得违反法律的规定和老年人的意愿。基层群众性自治组织、老年人组织或者赡养人所在单位监督协议的履行。"

从上述法律规定可知，赡养人之间可以就履行赡养义务签订赡养协议，但是需要满足以下两个条件：一是，赡养人之间签订赡养协议，需要征得老年人的同意。如果老年人不同意赡养协议的内容，子女之间签订的协议没有法律效力。二是，赡养协议的内容不得违反法律规定和老年人的意愿。如果赡养协议约定免除部分子女的赡养义务，则该赡养协议为无效协议。因为赡养义务是每位子女的法定义务。

需要注意的是，子女不可以依据赡养协议的约定不履行赡养义务。赡养协议的分工赡养等约定属于赡养人的内部约定，赡养人不能以放弃继承权或者其他理由，对老年人拒绝履行赡养义务。

一、赡养问题

赡养协议是赡养人与被赡养人订立的协议，或者是赡养人相互之间为分担赡养义务而订立的协议。赡养协议的内容主要是：(1)被赡养人和赡养人的姓名、性别、出生年月日、家庭住址。(2)被赡养人与赡养人之间的关系。(3)赡养人应尽的主要义务，包括赡养费用的分担，老年人口粮田、自留地、承包地的耕、种、管、收，老年人患病住院的医疗费用和雇人照料费用以及死后丧葬费用的负担等。(4)赡养人提供赡养费和其他物质帮助的给付方式、给付时间。(5)对被赡养人财产的保护措施。(6)协议变更的条件和争议的解决方法。(7)违约责任。(8)若有履行协议的监督人，应在协议上签名。

赡养协议中不得有处分被赡养人财产，或以放弃继承权为条件不尽赡养义务等侵害被赡养人合法权益的违反法律的内容。另外，若被赡养人已经不具备完全民事行为能力，则应由赡养人之间签订赡养协议。在赡养人不履行赡养协议时，根据《中华人民共和国老年人权益保障法》第七十五条第一款的规定，老年人可以申请人民调解委员会或者其他有关组织进行调解，也可以直接向人民法院提起诉讼。

第 11 问

多子女家庭，可以指定其中一名子女养老吗？

依据《中华人民共和国民法典》第三十三条的规定："具有完全民事行为能力的成年人，可以与其近亲属、其他愿意担任监护人的个人或者组织事先协商，以书面形式确定自己的监护人，在自己丧失或者部分丧失民事行为能力时，由该监护人履行监护职责。"《中华人民共和国老年人权益保障法》第二十六条规定："具备完全民事行为能力的老年人，可以在近亲属或者其他与自己关系密切、愿意承担监护责任的个人、组织中协商确定自己的监护人。监护人在老年人丧失或者部分丧失民事行为能力时，依法承担监护责任。老年人未事先确定监护人的，其丧失或者部分丧失民事行为能力时，依照有关法律的规定确定监护人。"第十四条还规定："赡养人应当履行对老年人经济上供养、生活上照料和精神上慰藉的义务，照顾老年人的特殊需要。赡养人是指老年人的子女以及其他依法负有赡养义务的人。赡养人的配偶应当协助赡养人履行赡养义务。"

从上述法律规定可知，在多子女家庭中，老年人可以指定其中一名子女养老。但老年人的其他子女并不因老年人选择由某一个子女赡养而免除赡养义务，赡养老人是中华民族的传统美德，也是每个子女的法定义务，其他子女也应按照法律的规定履行赡养义务，对老年人经济上供养、生活上照料、精神上慰藉，照顾老年人的特殊需要。此外，在多子女的情况下，赡养人可根据家庭实际情况以及老人的意愿对于老人赡养问题进行协商。例如，就老人日常生活照料、赡养费用分担、精神慰藉等问题达成协议，但不得违反法律、行政法规的强制性规定。如果多子女协议约定老人仅由一名子女赡养、其他子女不承担赡养义务，则会因违反法律、行政法规的强制性规定而无效。

第 12 问

如果老年人和潜在监护人之间存在矛盾，不想某人担任自己的监护人，或潜在监护人无法履行监护职责，这时应该怎么办？

依据《中华人民共和国民法典》第三十三条的规定："具有完全民事行为能力的成年人，可以与其近亲属、其他愿意担任监护人的个人或者组织事先协商，以书面形式确定自己的监护人，在自己丧失或者部分丧失民事行为能力时，由该监护人履行监护职责。"《中华人民共和国老年人权益保障法》第二十六条的规定："具备完全民事行为能力的老年人，可以在近亲属或者其他与自己关系密切、愿意承担监护责任的个人、组织中协商确定自己的监护人。监护人在老年人丧失或者部分丧失民事行为能力时，依法承担监护责任。老年人未事先确定监护人的，其丧失或者部分丧失民事行为能力时，依照有关法律的规定确定监护人。"

从上述法律规定可知，如果老年人和潜在监护人之间存在矛盾，不想某人担任自己的监护人，或潜在监护人无法履行监护职

一、赡养问题

责的，老年人可以在有民事行为能力时，和指定的近亲属、其他愿意担任监护人的个人或组织事先协商，预先订立合法有效的书面协议来确定自己的监护人。

意定监护协议的内容包括监护人信息、被监护人信息、意定监护的基本情况、监护人的职责、双方义务、违约责任等，主要内容如下：

1.监护人的职责，比如监护人对被监护人的人身权利、财产权利和其他权利的保护等。

2.监护人的报酬，在意定监护协议中可以明确是否给予意定监护人报酬以及给予多少报酬，报酬支付方式包括一次性给付、分期给付以及附条件方式。

3.协议的生效条件，意定监护协议的生效条件可以设置为委托人丧失或部分丧失民事行为能力。

4.监护的撤销及终止，在意定监护协议成立之后、生效之前，委托人若不再希望受托人担任其监护人，或者受托人不再愿意担任委托人的监护人，那么其中任何一方都可以单方作出撤销监护协议的意思表示。

5.监护人的责任，如监护人不履行监护职责或者履行监护职责不当，给被监护人造成人身或财产损失的，应当承担赔偿责任。

需要注意的是，近亲属、朋友、晚辈、儿媳（或女婿）、干儿子（或干女儿）以及相关组织等，都可以作为意定监护人，而且意定监护的效力优先于法定监护。

一、赡养问题

第13问

对于生活不能自理的老年人是否可以委托给他人照顾？

依据《中华人民共和国老年人权益保障法》第十四条的规定："赡养人应当履行对老年人经济上供养、生活上照料和精神上慰藉的义务，照顾老年人的特殊需要。赡养人是指老年人的子女以及其他依法负有赡养义务的人。赡养人的配偶应当协助赡养人履行赡养义务。"第十五条还规定："赡养人应当使患病的老年人及时得到治疗和护理；对经济困难的老年人，应当提供医疗费用。对生活不能自理的老年人，赡养人应当承担照料责任；不能亲自照料的，可以按照老年人的意愿委托他人或者养老机构等照料。"

从上述法律规定可知，对于生活不能自理的老年人可以委托给他人照顾，但应尊重老年人的意愿。老年人生活不能自理应当由其配偶以及子女来照料，赡养父母是子女的法定义务，成年子女要对老年人经济上供养、生活上照料和精神上慰藉，照顾老年人的特殊需要。所以，赡养人应当承担照料责任，如果不能亲自照料的，赡养人应尊重老年人的意愿委托他人或者养老机构等照料。

第 14 问

儿子在国外长居，老伴儿也去世了，年纪越来越大，万一哪天生活无法自理可怎么办？

依据《中华人民共和国民法典》第三十三条的规定："具有完全民事行为能力的成年人，可以与其近亲属、其他愿意担任监护人的个人或者组织事先协商，以书面形式确定自己的监护人，在自己丧失或者部分丧失民事行为能力时，由该监护人履行监护职责。"《中华人民共和国老年人权益保障法》第二十六条规定："具备完全民事行为能力的老年人，可以在近亲属或者其他与自己关系密切、愿意承担监护责任的个人、组织中协商确定自己的监护人。监护人在老年人丧失或者部分丧失民事行为能力时，依法承担监护责任。老年人未事先确定监护人的，其丧失或者部分丧失民事行为能力时，依照有关法律的规定确定监护人。"

从上述法律规定可知，老年人儿子在国外长居，老伴儿也去世了，年纪越来越大，可以通过以下两种方式保障自己的生活：

1.签署意定监护协议。老年人可以在有民事行为能力的时候，以签订意定监护协议的方式，提前确定自己失去民事行为能力后的监护人，必要时，可以通过公证方式来签订协议。监护人可以是有完全民事行为能力的个人或组织，如近亲属、朋友、村委会、居委会、公益组织等。

监护协议主要约定生活照料、医疗救治、财产管理和丧葬事务等内容，在被监护人部分失去民事行为能力或全部失去民事行为能力时，由监护人履行监护职责。

2.签署遗赠扶养协议。根据《中华人民共和国民法典》第一千一百五十八条的规定："自然人可以与继承人以外的组织或者个人签订遗赠扶养协议。按照协议，该组织或者个人承担该自然人生养死葬的义务，享有受遗赠的权利。"第一千一百二十三条还规定："继承开始后，按照法定继承办理；有遗嘱的，按照遗嘱继承或者遗赠办理；有遗赠扶养协议的，按照协议办理。"

因此，老年人还可以和继承人以外的人或组织签署遗赠扶养协议。遗赠扶养协议是一种平等、有偿和互为权利义务的协议。

另外，遗赠扶养协议的效力高于遗嘱和法定继承，如果遗赠扶养协议同遗嘱在内容上矛盾，应当优先适用遗赠扶养协议。

第 15 问

子女赡养父母不周，将其送进养老院的，该如何处理？

根据《中华人民共和国老年人权益保障法》第十三条的规定："老年人养老以居家为基础，家庭成员应当尊重、关心和照料老年人。"第十五条还规定："赡养人应当使患病的老年人及时得到治疗和护理；对经济困难的老年人，应当提供医疗费用。对生活不能自理的老年人，赡养人应当承担照料责任；不能亲自照料的，可以按照老年人的意愿委托他人或者养老机构等照料。"另外，第七十六条还规定："干涉老年人婚姻自由，对老年人负有赡养义务、扶养义务而拒绝赡养、扶养，虐待老年人或者对老年人实施家庭暴力的，由有关单位给予批评教育；构成违反治安管理行为的，依法给予治安管理处罚；构成犯罪的，依法追究刑事责任。"

赡养父母是子女应承担的法定义务，子女赡养父母不周，不尊重父母意愿，将其送进养老院的，老年人可以申请当地居委会、村委会或者人民调解委员会居中调解，或者是直接向法院起诉要求子女依法履行赡养义务。老年人养老应以居家为基础，家庭成员应当尊重、关心和照料老年人。对生活不能自理的老年人，赡养人应当承担照料责任，只有经过老年人的同意，子女才能委托他人或者养老机构等照料。

需要注意的是，根据《中华人民共和国刑法》第二百六十一条的规定："对于年老、年幼、患病或者其他没有独立生活能力的人，负有扶养义务而拒绝扶养，情节恶劣的，处五年以下有期徒刑、拘役或者管制。"

如果子女拒绝扶养老年人，情节恶劣的，可能涉嫌遗弃罪，将面临五年以下有期徒刑、拘役或者管制的刑事处罚措施。

第16问

赡养父母，只给赡养费就可以吗？

根据《中华人民共和国老年人权益保障法》第十四条的规定："赡养人应当履行对老年人经济上供养、生活上照料和精神上慰藉的义务，照顾老年人的特殊需要。赡养人是指老年人的子女以及其他依法负有赡养义务的人。赡养人的配偶应当协助赡养人履行赡养义务。"第十五条也规定："赡养人应当使患病的老年人及时得到治疗和护理；对经济困难的老年人，应当提供医疗费用。对生活不能自理的老年人，赡养人应当承担照料责任；不能亲自照料的，可以按照老年人的意愿委托他人或者养老机构等照料。"此外，第十八条还规定："家庭成员应当关心老年人的精神需求，不得忽视、冷落老年人。与老年人分开居住的家庭成员，应当经常看望或者问候老年人。用人单位应当按照国家有关规定保障赡养人探亲休假的权利。"

赡养老人是中华民族的传统美德，也是每个子女的法定义务。从上述法律规定可知，赡养父母不能只给赡养费，子女在给赡养费的同时还要尊敬父母，关心父母。换言之，子女赡养老年

一、赡养问题

人不仅要有物质上的付出,更需要对老年人有生活上的照料、精神上的抚慰,如果子女与老年人分开居住的,应当经常看望或者问候老年人。此外,家庭成员应当多关心老年人的精神需求,不得忽视、冷落老年人。

赡养人对老年人应当履行经济上供养、生活上照料和精神上慰藉的义务,照顾老年人的特殊需要。赡养义务主要包括:一是,保障居住义务。赡养人应当妥善安排老年人的住房,不得强迫老年人居住或者迁居条件低劣的房屋。老年人自有的或者承租的住房,子女或者其他亲属不得侵占,不得擅自改变产权关系或者租赁关系。老年人自有的住房,赡养人有维修的义务。二是,照料义务。对生活不能自理的老年人,赡养人应当承担照料责任;不能亲自照料的,可以按照老年人的意愿委托他人或者养老机构等照料。三是,医疗保障义务。赡养人应当使患病的老年人及时得到治疗和护理;对经济困难的老年人,应当提供医疗费用。

第 17 问

子女不给父母赡养费，怎么办？

根据《中华人民共和国老年人权益保障法》第七十五条的规定："老年人与家庭成员因赡养、扶养或者住房、财产等发生纠纷，可以申请人民调解委员会或者其他有关组织进行调解，也可以直接向人民法院提起诉讼。人民调解委员会或者其他有关组织调解前款纠纷时，应当通过说服、疏导等方式化解矛盾和纠纷；对有过错的家庭成员，应当给予批评教育。人民法院对老年人追索赡养费或者扶养费的申请，可以依法裁定先予执行。"《中华人民共和国民法典》第一千零六十七条规定："父母不履行抚养义务的，未成年子女或者不能独立生活的成年子女，有要求父母给付抚养费的权利。成年子女不履行赡养义务的，缺乏劳动能力或者生活困难的父母，有要求成年子女给付赡养费的权利。"同时，《中华人民共和国老年人权益保障法》第十九条还规定："赡养人不得以放弃继承权或者其他理由，拒绝履行赡养义务。赡养人不履行赡养义务，老年人有要求赡养人付给赡养费等权利。赡养人不得要求老年人承担力不能及的劳动。"

一、赡养问题

当子女不给父母赡养费的，老年人可以先向当地村委会、居委会以及人民调解委员会申请居中调解。同时，老年人也可以直接向人民法院起诉。人民法院会根据当地的经济水平、被赡养人的实际需求、赡养人的经济能力，要求子女向父母支付赡养费，如果子女拒不履行的，可以申请强制执行。老年人也可以在判决作出前，申请裁定子女先行给付一定的赡养费用，以解决老年人的生活急需。

赡养费的给付内容主要包括六个方面：（1）老年人的基本生活费；（2）老年人的生病治疗费用；（3）生活不能自理老人的护理费用；（4）老年人的住房费用；（5）必要的精神消费支出；（6）必要的保险金费用。

需要注意的是，《中华人民共和国老年人权益保障法》第七十六条规定："干涉老年人婚姻自由，对老年人负有赡养义务、扶养义务而拒绝赡养、扶养，虐待老年人或者对老年人实施家庭暴力的，由有关单位给予批评教育；构成违反治安管理行为的，依法给予治安管理处罚；构成犯罪的，依法追究刑事责任。"《中华人民共和国刑法》第二百六十一条规定："对于年老、年幼、患病或者其他没有独立生活能力的人，负有扶养义务而拒绝扶养，情节恶劣的，处五年以下有期徒刑、拘役或者管制。"

如果子女拒绝赡养老年人，情节恶劣的，老年人还可以报警，请求公安机关追究子女的刑事责任。如果子女涉嫌遗弃罪的，将面临五年以下有期徒刑、拘役或者管制的刑事处罚措施。

一、赡养问题

第18问

儿子结婚后,让老母亲回破旧老宅居住,是否违法?

根据《中华人民共和国老年人权益保障法》第十六条的规定:"赡养人应当妥善安排老年人的住房,不得强迫老年人居住或者迁居条件低劣的房屋。老年人自有的或者承租的住房,子女或者其他亲属不得侵占,不得擅自改变产权关系或者租赁关系。老年人自有的住房,赡养人有维修的义务。"第七十五条还规定:"老年人与家庭成员因赡养、扶养或者住房、财产等发生纠纷,可以申请人民调解委员会或者其他有关组织进行调解,也可以直接向人民法院提起诉讼。人民调解委员会或者其他有关组织调解前款纠纷时,应当通过说服、疏导等方式化解矛盾和纠纷;对有过错的家庭成员,应当给予批评教育。人民法院对老年人追索赡养费或者扶养费的申请,可以依法裁定先予执行。"

儿子结婚后,让老母亲回破旧老宅居住,既不合情合理也不合法。从上述法律规定可知,儿子负有赡养父母的法定义务,应当妥善安排老年人的住房,不得强迫老年人居住或者迁居条件低劣的房屋。

如果儿子强迫老母亲迁居条件低劣的破旧老宅，老母亲为维护自己的合法权益，可以向当地的村委会、居委会或人民调解委员会申请居中调解，也可以委托律师直接向人民法院提起诉讼。如果老年人因经济困难无力支付律师费用的，可向当地的司法行政机关申请法律援助。同时，如果老年人向人民法院预交诉讼费确有困难的，可以向人民法院申请缓交、减交、免交诉讼费。

一、赡养问题

第19问

法律规定养老机构有哪些服务规范？

养老机构的服务事关老年人的身心健康，根据《养老机构管理办法》第十五条至第二十四条的规定可知，养老机构应具备如下服务规范：

1. 养老机构应当建立入院评估制度，对老年人的身心状况进行评估，并根据评估结果确定照料护理等级。老年人身心状况发生变化，需要变更照料护理等级的，养老机构应当重新进行评估。养老机构确定或者变更老年人照料护理等级的，应当经老年人或者其代理人同意。

2. 养老机构应当与老年人或者其代理人签订服务协议，明确当事人的权利和义务。服务协议一般包括下列条款：（1）养老机构的名称、住所、法定代表人或者主要负责人、联系方式；（2）老年人或者其代理人和紧急联系人的姓名、住址、身份证明、联系方式；（3）照料护理等级和服务内容、服务方式；（4）收费标准和费用支付方式；（5）服务期限和场所；（6）协议变更、解除与终止的条件；（7）暂停或者终止服务时老年人的安置方式；（8）违约责任和争议解决方式；（9）当事人协商一致的其他内容。

3.养老机构应当按照服务协议为老年人提供生活照料、康复护理、精神慰藉、文化娱乐等服务。

4.养老机构应当为老年人提供饮食、起居、清洁、卫生等生活照料服务。养老机构应当提供符合老年人住宿条件的居住用房，并配备适合老年人安全保护要求的设施、设备及用具，定期对老年人的活动场所和物品进行消毒和清洗。养老机构提供的饮食应当符合食品安全要求，适宜老年人食用，有利于老年人营养平衡，符合民族风俗习惯。

5.养老机构应当为老年人建立健康档案，开展日常保健知识宣传，做好疾病预防工作。养老机构在老年人突发危重疾病时，应当及时转送至医疗机构救治并通知其紧急联系人。养老机构可以通过设立医疗机构或者采取与周边医疗机构合作的方式，为老年人提供医疗服务。养老机构设立医疗机构的，应当按照医疗机构管理相关法律法规进行管理。

6.养老机构发现老年人为传染病病人或者疑似传染病病人的，应当及时向附近的疾病预防控制机构或者医疗机构报告，配合实施卫生处理、隔离等预防控制措施。养老机构发现老年人为疑似精神障碍患者的，应当依照精神卫生相关法律法规的规定处理。

7.养老机构应当根据需要为老年人提供情绪疏导、心理咨询、危机干预等精神慰藉服务。

8.养老机构应当开展适合老年人的文化、教育、体育、娱乐活动，丰富老年人的精神文化生活。养老机构开展文化、教育、体育、娱乐活动时，应当为老年人提供必要的安全防护措施。

9.养老机构应当为老年人家庭成员看望或者问候老年人提供便利，为老年人联系家庭成员提供帮助。

10.鼓励养老机构运营社区养老服务设施，或者上门为居家老年人提供助餐、助浴、助洁等服务。

第 20 问

养老机构中途变更或者终止，不提供服务了，老年人该怎么办？

根据《中华人民共和国老年人权益保障法》第四十六条的规定："养老机构变更或者终止的，应当妥善安置收住的老年人，并依照规定到有关部门办理手续。有关部门应当为养老机构妥善安置老年人提供帮助。"第七十九条还规定："养老机构及其工作人员侵害老年人人身和财产权益，或者未按照约定提供服务的，依法承担民事责任；有关主管部门依法给予行政处罚；构成犯罪的，依法追究刑事责任。"此外，《养老机构管理办法》第三十五条规定："养老机构因变更或者终止等原因暂停、终止服务的，应当在合理期限内提前书面通知老年人或者其代理人，并书面告知民政部门。老年人需要安置的，养老机构应当根据服务协议约定与老年人或者其代理人协商确定安置事宜。民政部门应当为养老机构妥善安置老年人提供帮助。养老机构终止服务后，应当依法清算并办理注销登记。"

从上述法律规定可知，养老机构中途变更或者终止，不提供服务了，应当在合理期限内提前书面通知老年人或者其代理人。养老机构应当妥善安置收住的老年人，老年人需要安置的，养老机构应当根据服务协议约定与老年人或者其代理人协商确定安置事宜。同时，养老机构应按照有关规定到有关部门办理手续，有关部门应当为养老机构妥善安置老年人提供帮助。

如果养老机构未按照约定提供服务的，老年人可以向人民法院提起诉讼，要求养老机构依法承担民事责任；如果养老机构的行为涉及违反相关规定的，老年人可以请求有关主管部门依法给予行政处罚；如果养老机构的行为构成犯罪的，老年人还可以报警，请求当地公安机关依法追究养老机构的刑事责任。

第 21 问

准备和养老机构签署服务协议，有哪些条款需要注意？

《养老机构管理办法》第十六条规定："养老机构应当与老年人或者其代理人签订服务协议，明确当事人的权利和义务。服务协议一般包括下列条款：（一）养老机构的名称、住所、法定代表人或者主要负责人、联系方式；（二）老年人或者其代理人和紧急联系人的姓名、住址、身份证明、联系方式；（三）照料护理等级和服务内容、服务方式；（四）收费标准和费用支付方式；（五）服务期限和场所；（六）协议变更、解除与终止的条件；（七）暂停或者终止服务时老年人安置方式；（八）违约责任和争议解决方式；（九）当事人协商一致的其他内容。"

根据《养老机构管理办法》第十六条的规定，养老机构应当与老年人或者其代理人签订服务协议，明确当事人的权利和义务。签订养老服务合同时，如果养老机构提供的是事先拟好的格式合同，要小心是否有减轻机构责任、限制老年人权利等"霸王条款"内容。同时，在签订合同时，老年人需要看清关于费用组成、退款条件、服务期限等重要条款；签订合同时，老年人应有亲属陪同，共同商议签订。

此外，老年人准备和养老机构签署服务协议时，需要注意以下重点条款：一是，老年人享有的权利和养老机构的义务；二是，养老机构的照料护理等级和服务内容、服务方式；三是，老年人或者其代理人和紧急联系人的姓名、住址、身份证明、联系方式；四是，费用组成、退款条件等；五是，服务期限和场所；六是，老人在养老机构内发生意外伤害时的责任认定、处置方式以及相关费用的支付或赔偿；七是，暂停或者终止服务时老年人的安置方式；八是，如果老年人离开养老机构或去世，养老机构的书面报告以及相关费用的退还；九是，违约责任和争议解决方式。

第 22 问

养老机构疏于管理，导致老年人受到第三人侵害受伤或死亡的，要承担责任吗？

根据《中华人民共和国民法典》第五百七十七条的规定："当事人一方不履行合同义务或者履行合同义务不符合约定的，应当承担继续履行、采取补救措施或者赔偿损失等违约责任。"第五百八十四条还规定："当事人一方不履行合同义务或者履行合同义务不符合约定，造成对方损失的，损失赔偿额应当相当于因违约所造成的损失，包括合同履行后可以获得的利益；但是，不得超过违约一方订立合同时预见到或者应当预见到的因违约可能造成的损失。"另外，第一千一百九十八条规定："宾馆、商场、银行、车站、机场、体育场馆、娱乐场所等经营场所、公共场所的经营者、管理者或者群众性活动的组织者，未尽到安全保障义务，造成他人损害的，应当承担侵权责任。因第三人的行为造成他人损害的，由第三人承担侵权责任；经营者、管理者或者组织者未尽到安全保障义务的，承担相应的补充责任。经营者、管理者或者组织者承担补充责任后，可以向第三人追偿。"

一、赡养问题

从上述法律规定可知：一是，如果养老机构疏于管理，导致老年人受到第三人侵害受伤或死亡的，老年人或其近亲属可以根据养老服务合同，要求养老机构承担违约责任。如果养老机构拒不承担责任的，老年人或其近亲属可以直接向人民法院起诉，维护自身的合法权益。二是，因养老机构未尽到安全保障义务，导致老年人受到侵害的，老年人或其近亲属还可以要求养老机构承担因未尽安全保障义务的补充赔偿责任。

第 23 问

养老机构工作人员对老年人人身和财产有违法伤害行为的，该怎么办？

根据《养老机构管理办法》第四十六条的规定："养老机构有下列行为之一的，由民政部门责令改正，给予警告；情节严重的，处以3万元以下的罚款：（一）未建立入院评估制度或者未按照规定开展评估活动的；（二）未与老年人或者其代理人签订服务协议，或者未按照协议约定提供服务的；（三）未按照有关强制性国家标准提供服务的；（四）工作人员的资格不符合规定的；（五）利用养老机构的房屋、场地、设施开展与养老服务宗旨无关的活动的；（六）未依照本办法规定预防和处置突发事件的；（七）歧视、侮辱、虐待老年人以及其他侵害老年人人身和财产权益行为的；（八）向负责监督检查的民政部门隐瞒有关情况、提供虚假材料或者拒绝提供反映其活动情况真实材料的；（九）法律、法规、规章规定的其他违法行为。养老机构及其工作人员违反本办法有关规定，构成违反治安管理行为的，依法给予治安管理处罚；构成犯罪的，依法追究刑事责任。"此外，《中华人民共和国老年人权益保障法》第七十九条规定:"养老机构及其工作人员侵害老年人人身和财产权益,或者未按照约定提供服务的,依法承担民事责任;有关主管部门依法给予行政处罚;构成犯罪的,依法追究刑事责任。"《中华人民共和国民法典》第一千一百七十九条规定:"侵害他人造成人身损害的,应当赔偿医疗费、护理费、交通费、营养费、住院伙食补助费等为治疗和康复支出的合理费用,以及因误工减少的收入。造成残疾的,还应当赔偿辅助器具费和残疾赔偿金;造成死亡的,还应当赔偿丧葬费和死亡赔偿金。"

如果养老机构工作人员有侵害老年人人身和财产权益行为的,老年人可以向民政部门投诉举报,请求民政部门责令养老机构改正,给予警告;如果养老机构侵害行为的情节严重的,民政部门将会对养老机构处以3万元以下的罚款。

如果养老机构的行为构成违反治安管理行为的,老年人可以报警,请求当地的公安机关给予养老机构治安管理处罚;如果养老机构的行为构成犯罪的,老年人还可以请求依法追究养老机构的刑事责任。

此外,老年人还可以向人民法院直接提起诉讼,要求养老机构及实际侵权者承担相应的违约责任或赔偿老年人的损失。

二、遗产继承

导读

随着社会的不断发展，老年人的群体越来越庞大，而随之产生的遗产继承和分配问题也就成了矛盾的来源。为此，本部分梳理了《中华人民共和国民法典》规定的遗产继承内容。首先，本部分介绍了法定继承以及遗嘱继承的基本内容，包括法定继承的方式、遗嘱继承的方式等。其次，本部分阐述了如何从实质要件和形式要件入手，订立一份合法有效的遗嘱。另外，遗嘱包括自书遗嘱、代书遗嘱、打印遗嘱、录音录像遗嘱、公证遗嘱、口头遗嘱等。最后，本部分介绍和解答了在遗产继承时常见的法律问题和注意事项。

二、遗产继承

第 24 问

《中华人民共和国民法典》规定的继承方式有几种?

依据《中华人民共和国民法典》第一千一百二十三条的规定:"继承开始后,按照法定继承办理;有遗嘱的,按照遗嘱继承或者遗赠办理;有遗赠扶养协议的,按照协议办理。"由此可知,《中华人民共和国民法典》规定的继承方式有法定继承、遗嘱、遗赠以及遗赠扶养协议四种,具体如下:

一是法定继承,又称无遗嘱继承,即在被继承人无遗嘱的情况下按照法律规定的继承人范围、继承人顺序、遗产分配原则等进行的遗产继承方式。继承人的范围及继承顺序主要为:第一顺序的法定继承人为配偶、子女、父母,第二顺序的法定继承人为兄弟姐妹、祖父母、外祖父母。当继承开始后,由第一顺序继承人继承,第二顺序继承人不继承;没有第一顺序继承人继承的,由第二顺序继承人继承。前文所称子女,包括婚生子女、非婚生子女、养子女和有扶养关系的继子女。前文所称父母,包括生父母、养父母和有扶养关系的继父母。前文所称兄弟姐妹,包括同父母的兄弟姐妹、同父异母或者同母异父的兄弟姐妹、养兄弟姐妹、有扶养关系的继兄弟姐妹。

二是遗嘱，指继承人按照被继承人生前所立的合法有效的遗嘱进行继承的一种方式。遗嘱继承有两个特点：一方面，遗嘱继承的发生必须满足被继承人（遗嘱人）死亡和所立遗嘱合法两项文件，缺少任何一项，遗嘱继承都不能发生。另一方面，遗嘱继承中有关继承人的选择、继承遗产的份额多少、继承的顺序等都是遗嘱人自己的意思。当然，遗嘱继承有三个需要注意的问题：首先，遗嘱继承人只能在法定继承人之中选择，即可以作为遗嘱继承人的，只能是法定继承人范围内的一人或数人。其次，遗嘱继承人为数人的，数个继承人不再受法定继承顺序的限制，即不存在各遗嘱继承人之间继承先后顺序的问题。最后，如果遗嘱继承人先于遗嘱人死亡，遗嘱又未变更的，遗嘱继承只能转为法定继承进行处理。

三是遗赠，指自然人以遗嘱的方式将个人合法财产的一部分或全部赠送给法定继承人以外的其他人或国家、集体组织的一种遗产处理方式。遗赠和遗嘱一样，都是在自然人死亡后才发生法律效力。在遗赠中，立遗嘱人为遗赠人，遗嘱所指定接受遗赠财产的人为受遗赠人。

四是遗赠扶养协议，指遗赠人生前与扶养人订立的关于

二、遗产继承

扶养人承担遗赠人生养死葬的义务，并于遗赠人死亡后享有按约取得其遗产权利的协议。根据《中华人民共和国民法典》第一千一百五十八条的规定："自然人可以与继承人以外的组织或者个人签订遗赠扶养协议。按照协议，该组织或者个人承担该自然人生养死葬的义务，享有受遗赠的权利。"遗赠扶养协议是一种平等、有偿和互为权利义务的协议。

第 25 问

老年人有哪些立遗嘱的方式？

《中华人民共和国民法典》第一千一百三十三条规定："自然人可以依照本法规定立遗嘱处分个人财产，并可以指定遗嘱执行人。自然人可以立遗嘱将个人财产指定由法定继承人中的一人或者数人继承。自然人可以立遗嘱将个人财产赠与国家、集体或者法定继承人以外的组织、个人。自然人可以依法设立遗嘱信托。"第一千一百三十四条规定："自书遗嘱由遗嘱人亲笔书写，签名，注明年、月、日。"第一千一百三十五条规定："代书遗嘱应当有两个以上见证人在场见证，由其中一人代书，并由遗嘱人、代书人和其他见证人签名，注明年、月、日。"第一千一百三十六条规定："打印遗嘱应当有两个以上见证人在场见证。遗嘱人和见证人应当在遗嘱每一页签名，注明年、月、日。"第一千一百三十七条规定："以录音录像形式立的遗嘱，应当有两个以上见证人在场见证。遗嘱人和见证人应当在录音录像中记录其姓名或者肖像，以及年、月、日。"第一千一百三十八条规定："遗嘱人在危急情况下，可以立口头遗嘱。口头遗嘱应当有两个以上见证人在场见证。危急情况消除后,遗嘱人能够以书面或者录音录像形式立遗嘱的,所立的口头遗嘱无效。"第一千一百三十九条规定:"公证遗嘱由遗嘱人经公证机构办理。"

从上述法律规定可知,老年人有六种立遗嘱的方式,包括:自书遗嘱、代书遗嘱、打印遗嘱、录音录像遗嘱、公证遗嘱、口头遗嘱。具体如下:

一是自书遗嘱,自己亲笔书写并签名的遗嘱,须注明年、月、日。

二是代书遗嘱,请他人代为书写的遗嘱,应当有两个以上的见证人在场见证,见证人之一可以代书,并由遗嘱人、代书人和其他见证人签名,注明年、月、日。

三是打印遗嘱,通过技术设备书写、打印的遗嘱,应当有两个以上见证人在场见证。遗嘱人和见证人应当在遗嘱每一页签名,注明年、月、日。

四是录音录像遗嘱,以录音录像形式立的遗嘱,应当有两个以上见证人在场见证,遗嘱人和见证人应当在录音录像中记录其姓名或者肖像,以及年、月、日。

五是公证遗嘱,由遗嘱人经公证机构办理的遗嘱。需要注意的是,除自书遗嘱和公证遗嘱外,以其他方式立遗嘱时均需要邀两名以上见证人见证,否则遗嘱无效。

六是口头遗嘱，口头遗嘱需要满足一定条件才有效。遗嘱人在危急情况下，可以立口头遗嘱，且应当有两个以上见证人在场见证。当危急情况消除后，遗嘱人能够以书面或者录音录像形式立遗嘱的，所立的口头遗嘱无效。

二、遗产继承

第 26 问

遗嘱一定要公证才有效吗？

《中华人民共和国民法典》第一千一百三十三条规定："自然人可以依照本法规定立遗嘱处分个人财产，并可以指定遗嘱执行人。自然人可以立遗嘱将个人财产指定由法定继承人中的一人或者数人继承。自然人可以立遗嘱将个人财产赠与国家、集体或者法定继承人以外的组织、个人。自然人可以依法设立遗嘱信托。"第一千一百三十四条规定："自书遗嘱由遗嘱人亲笔书写，签名，注明年、月、日。"第一千一百三十五条规定："代书遗嘱应当有两个以上见证人在场见证，由其中一人代书，并由遗嘱人、代书人和其他见证人签名，注明年、月、日。"第一千一百三十六条规定："打印遗嘱应当有两个以上见证人在场见证。遗嘱人和见证人应当在遗嘱每一页签名，注明年、月、日。"第一千一百三十七条规定："以录音录像形式立的遗嘱，应当有两个以上见证人在场见证。遗嘱人和见证人应当在录音录像中记录其姓名或者肖像，以及年、月、日。"第一千一百三十八条规定："遗嘱人在危急情况下，可以立口头遗嘱。口头遗嘱应当有两个以上见证人在场见证。危急情况消除后，遗嘱人能够以书面或者录音录像形式立遗嘱的，所立的口头遗嘱无效。"第一千一百三十九条规定："公证遗嘱由遗嘱人经公证机构办理。"

从上述法律规定可知，遗嘱并不是必须前往公证处进行公证的。遗嘱的形式有很多，如自书遗嘱、代书遗嘱、录音录像遗嘱、口头遗嘱、打印遗嘱，而公证遗嘱只是其中一种遗嘱形式。任何一种遗嘱只要符合相应的条件，都可以成为有效遗嘱，所以立遗嘱不是必须去公证。

遗嘱内容主要有：（1）立遗嘱人的基本情况、订立遗嘱的原因；（2）立遗嘱人的财产情况（如个人财产、夫妻共同财产）；（3）财产分配方案；（4）立遗嘱人签字/盖章摁手印，公证人或见证人同时在遗嘱下方留下自己的姓名、手印以及遗嘱订立日期等。

当然，立遗嘱人如果对法律规定不太了解，那么通过公证机构办理公证遗嘱，会相对减少遗嘱无效的风险，公证遗嘱的优势主要是：公证处对于公证遗嘱制作规范，可以最大限度地保证遗嘱合法、有效；公证处可以代为起草遗嘱内容、提供指导和帮助；遗嘱人生前可以指定好自己去世后财产（如房产、存款等财产）的继承人，避免继承人之间产生纠纷；同时，公证遗嘱由遗嘱人本人办理即可，不需要公开。

二、遗产继承

第 27 问

年纪越来越大，想提前准备遗嘱，怎么样才能订立一份有效的遗嘱呢？

遗嘱需要符合法律规定的条件才是有效的，目前法律认可的遗嘱形式有六种，即自书遗嘱、代书遗嘱、打印遗嘱、录音录像遗嘱、公证遗嘱、口头遗嘱，老年人可以根据需求选择相应的立遗嘱方式。

其一，自书遗嘱需要符合三个形式要件：（1）立遗嘱人亲笔书写。（2）立遗嘱人亲笔签名。（3）遗嘱中必须注明立遗嘱的具体时间，年、月、日三个要素缺一不可。

其二，代书遗嘱需要符合三个形式要件：（1）两个以上见证人在场见证。需要注意的是，见证人必须为完全民事行为能力人，并且见证人不能为继承人、受遗赠人或者与继承人、受遗赠人有利害关系的人。（2）遗嘱人、代书人和其他见证人均要签名。（3）须注明年、月、日。

其三，打印遗嘱，是《中华人民共和国民法典》中新增加的遗嘱形式，其要求与代书遗嘱的要求基本一致，即需要两个以上见证人在场见证，且注明年、月、日；但对于签名有特别的要求，即遗嘱人和见证人要在遗嘱的每一页都签名。

其四，录音录像遗嘱，具体要求为：（1）两个以上见证人在场见证。（2）遗嘱人和见证人应当在录音录像中记录其姓名或者肖像，以及年、月、日。

其五，公证遗嘱，虽然《中华人民共和国民法典》删除了公证遗嘱效力优先的规定，但是公证遗嘱依然是最可以确保有效性的遗嘱形式。因此建议大家有条件的还是应当到公证机关去订立遗嘱，避免遗嘱有瑕疵不能生效。

其六，口头遗嘱，条件是立遗嘱人处于危急情况下，如因重病、车祸、灾难等情况，须有两个以上见证人在场见证，当危急情况消除后，遗嘱人能够以书面或者录音录像形式立遗嘱的，所立口头遗嘱无效。

二、遗产继承

第 28 问

临终时的口头遗嘱有效吗?

根据《中华人民共和国民法典》第一千一百三十八条的规定:"遗嘱人在危急情况下,可以立口头遗嘱。口头遗嘱应当有两个以上见证人在场见证。危急情况消除后,遗嘱人能够以书面或者录音录像形式立遗嘱的,所立的口头遗嘱无效。"第一千一百四十条还规定:"下列人员不能作为遗嘱见证人:(一)无民事行为能力人、限制民事行为能力人以及其他不具有见证能力的人;(二)继承人、受遗赠人;(三)与继承人、受遗赠人有利害关系的人。"

口头遗嘱,又称"口授遗嘱""略式的口授遗嘱"或"特别方式之遗嘱",指遗嘱人在特殊情况下以口头形式设立的遗嘱。从上述法律规定可知,如果临终时的遗言符合法律规定的条件,可以被认定为口头遗嘱。遗嘱人在危急情况下,可以立口头遗嘱。法律没有明确规定何种情况属于危急情况,一般要求遗嘱人没有能力或者客观上无法通过其他方式订立遗嘱,如发生了重病、车祸、突然的自然灾害、突发意外事故、爆发了战争等。

同时，口头遗嘱必须有两个以上见证人在场见证。但是，以下人员是不能作见证人的：（1）继承人、受遗赠人；（2）与继承人、受遗赠人有利害关系的人（如继承人的债权人）；（3）限制民事行为能力人、无民事行为能力人以及其他不具有见证能力的人（如未成年人、智力有缺陷的人、患有老年痴呆的人和植物人等）。

需要注意的是，在危急情况解除后，遗嘱人能够用除了口头以外的形式设立遗嘱时，应当再次设立遗嘱，此前的口头遗嘱无效。

二、遗产继承

第 29 问

当遗嘱继承与遗赠扶养协议发生冲突时，哪个效力优先？

根据《中华人民共和国民法典》第一千一百二十三条的规定："继承开始后，按照法定继承办理；有遗嘱的，按照遗嘱继承或者遗赠办理；有遗赠扶养协议的，按照协议办理。"第一千一百五十八条规定："自然人可以与继承人以外的组织或者个人签订遗赠扶养协议。按照协议，该组织或者个人承担该自然人生养死葬的义务，享有受遗赠的权利。"另外，第一千一百三十三条还规定："自然人可以依照本法规定立遗嘱处分个人财产，并可以指定遗嘱执行人。自然人可以立遗嘱将个人财产指定由法定继承人中的一人或者数人继承。自然人可以立遗嘱将个人财产赠与国家、集体或者法定继承人以外的组织、个人。自然人可以依法设立遗嘱信托。"《最高人民法院关于适用〈中华人民共和国民法典〉继承编的解释（一）》第三条规定："被继承人生前与他人订有遗赠扶养协议，同时又立有遗嘱的，继承开始后，如果遗赠扶养协议与遗嘱没有抵触，遗产分别按协议和遗嘱处理；如果有抵触，按协议处理，与协议抵触的遗嘱全部或者部分无效。"

遗嘱继承是指继承人按照被继承人生前所立的合法有效的遗嘱进行继承的一种方式。遗赠扶养协议，指遗赠人生前与扶养人订立的关于扶养人承担遗赠人生养死葬的义务，并于遗赠人死亡后享有按约取得其遗产权利的协议。

从上述法律规定可知，遗赠扶养协议的效力优先于遗嘱。即如果两者有抵触的，优先按遗赠扶养协议处理，与遗赠扶养协议抵触的遗嘱全部或者部分无效。因为遗赠扶养协议和遗嘱均充分体现了被继承人自由处分个人财产的独立意志，遗赠扶养协议中的扶养人对生前的被继承人尽到了扶养义务，出于权利与义务对等的原则，所以让其按照协议优先取得遗产。

需要注意的是，根据《中华人民共和国老年人权益保障法》第十九条的规定："赡养人不得以放弃继承权或者其他理由，拒绝履行赡养义务。赡养人不履行赡养义务，老年人有要求赡养人付给赡养费等权利。赡养人不得要求老年人承担力不能及的劳动。"由此可知，子女对父母的赡养义务为法定义务，即使签订了遗赠扶养协议，子女赡养老人的义务也并不因此而免除。

二、遗产继承

第30问

老年人立遗嘱后是否可以变更或撤回？

根据《中华人民共和国民法典》第一千一百四十二条的规定："遗嘱人可以撤回、变更自己所立的遗嘱。立遗嘱后，遗嘱人实施与遗嘱内容相反的民事法律行为的，视为对遗嘱相关内容的撤回。立有数份遗嘱，内容相抵触的，以最后的遗嘱为准。"第一百四十一条规定："行为人可以撤回意思表示。撤回意思表示的通知应当在意思表示到达相对人前或者与意思表示同时到达相对人。"

从上述法律规定可知，老年人立遗嘱后可以变更或撤回自己所立的遗嘱，因为遗嘱是典型的单方法律行为，不需要获得相对方的同意，是否立遗嘱、遗嘱内容、撤回或变更遗嘱都由立遗嘱人单方决定即可。立遗嘱人可以通过自行变更、撤回遗嘱，或者订立新的遗嘱来变更或撤回。

遗嘱在遗嘱人生前是不生效的，遗嘱人在生前可以撤回其所立的遗嘱。变更自己所立的遗嘱，是指遗嘱人对其所立遗嘱的部分内容予以修改。变更遗嘱存在三种情形：一是，遗嘱人增加遗嘱的内容；二是，遗嘱人删除遗嘱的部分内容；三是，遗嘱人对遗嘱的部分内容进行修改。

需要注意的是，变更或撤回遗嘱是对原有遗嘱作出的重大改变，遗嘱人在变更或撤回遗嘱的时候需要满足一定的条件。一般来说，遗嘱人在变更或撤回遗嘱时也应遵循订立遗嘱时的法律要件：一是，在变更或撤回时，遗嘱人应该是完全民事行为能力人；二是，变更或撤回是遗嘱人的真实意思表示；三是，变更或撤回需要满足《中华人民共和国民法典》继承编中规定的遗嘱形式之一。另外，遗嘱人也可以通过销毁遗嘱的方式来撤回遗嘱。

此外，遗嘱以最后所立的为准，无论该遗嘱是自书遗嘱、代书遗嘱、录音录像遗嘱、打印遗嘱、口头遗嘱还是公证遗嘱，亦即在内容相抵触的情况下，任何形式的在后遗嘱都可以视为对任何形式的在先遗嘱的变更或撤回。

二、遗产继承

第 31 问

老年人可以把财产留给孙子女吗？

《中华人民共和国民法典》第一千一百二十七条第一款规定："遗产按照下列顺序继承：（一）第一顺序：配偶、子女、父母；（二）第二顺序：兄弟姐妹、祖父母、外祖父母。"

因此，孙子女并不属于《中华人民共和国民法典》所规定的法定继承人，这与普通人的一般观念有所不同。如老年人拟将财产留给孙子女的，需要通过遗赠或赠与的方式，具体如下：

1.如果老年人希望尽快完成财产的转移，可以通过签订赠与合同直接将财产赠与孙子女。赠与合同是赠与人将自己的财产无偿给予受赠人，受赠人表示接受赠与的合同。

需要注意的是，房屋等不动产的赠与需要完成过户手续，并且在房屋完成过户前，老年人可以撤销赠与。另外，在赠与房产时，需要考虑税费的问题，孙子女需要具备购房资格，并承担相应的税费。

2.《中华人民共和国民法典》第一千一百三十三条规定："自然人可以依照本法规定立遗嘱处分个人财产，并可以指定遗嘱执行人。自然人可以立遗嘱将个人财产指定由法定继承人中的一人或者数人继承。自然人可以立遗嘱将个人财产赠与国家、集体或者法定继承人以外的组织、个人。自然人可以依法设立遗嘱信托。"第一千一百二十四条则规定："继承开始后，继承人放弃继承的，应当在遗产处理前，以书面形式作出放弃继承的表示；没有表示的，视为接受继承。受遗赠人应当在知道受遗赠后六十日内，作出接受或者放弃受遗赠的表示；到期没有表示的，视为放弃受遗赠。"

  所以，老年人也可以通过立遗嘱将遗产赠与给孙子女，这在法律上属于遗赠。作为受遗赠人的孙子女必须在知道受遗赠后六十日内表示接受或放弃，否则将丧失取得遗产的权利。

二、遗产继承

第 32 问

老年人把财产给其一个子女，是否需经其他子女同意放弃继承权？

依据《中华人民共和国民法典》第二百四十条的规定："所有权人对自己的不动产或者动产，依法享有占有、使用、收益和处分的权利。"第一千一百三十三条还规定："自然人可以依照本法规定立遗嘱处分个人财产，并可以指定遗嘱执行人。自然人可以立遗嘱将个人财产指定由法定继承人中的一人或者数人继承。自然人可以立遗嘱将个人财产赠与国家、集体或者法定继承人以外的组织、个人。自然人可以依法设立遗嘱信托。"

从上述法律规定可知，老年人把财产给其一个子女，不需要经其他子女同意放弃继承权。因为老年人对自己的财产享有占有、使用、收益和处分的权利，老年人可以用遗嘱的形式处分个人财产。

遗嘱继承是指自然人可以设立遗嘱将个人财产指定由法定继承人中的一人或数人继承。遗嘱继承是与法定继承相对应的一种继承方式，是指于继承开始后，继承人按照被继承人生前所立的合法有效的遗嘱继承被继承人遗产的法律制度。由于继承人对遗产的分配原则、遗产的分配方式等都取决于遗嘱人的个人意愿，故遗嘱继承又可以称为指定继承。

根据《中华人民共和国民法典》第一千一百二十三条的规定："继承开始后，按照法定继承办理；有遗嘱的，按照遗嘱继承或者遗赠办理；有遗赠扶养协议的，按照协议办理。"由此可知，遗嘱继承的效力优先于法定继承。

与法定继承相比，遗嘱继承有如下特征：一是，在是否体现被继承人的意愿上不同。遗嘱继承充分尊重被继承人的意愿，遗产的受益人、分配原则、遗嘱所附义务等都来自遗嘱的指定。二是，在适用的优先顺序上不同。遗嘱继承优先于法定继承，在同一被继承人的同一遗产的继承问题上，如果存在遗嘱，则应按遗嘱继承办理。

二、遗产继承

第33问

丧偶儿媳、丧偶女婿是否享有继承权？

依据《中华人民共和国民法典》第一千一百二十七条的规定："遗产按照下列顺序继承：（一）第一顺序：配偶、子女、父母；（二）第二顺序：兄弟姐妹、祖父母、外祖父母。继承开始后，由第一顺序继承人继承，第二顺序继承人不继承；没有第一顺序继承人继承的，由第二顺序继承人继承。本编所称子女，包括婚生子女、非婚生子女、养子女和有扶养关系的继子女。本编所称父母，包括生父母、养父母和有扶养关系的继父母。本编所称兄弟姐妹，包括同父母的兄弟姐妹、同父异母或者同母异父的兄弟姐妹、养兄弟姐妹、有扶养关系的继兄弟姐妹。"第一千一百二十九条还规定："丧偶儿媳对公婆，丧偶女婿对岳父母，尽了主要赡养义务的，作为第一顺序继承人。"

从上述法律规定可知，儿媳与公婆、女婿与岳父母之间是一种姻亲关系，在正常情况下，儿媳与女婿均不能作为公婆、岳父母的法定继承人。但是如果丧偶儿媳对公婆、丧偶女婿对岳父母尽了主要赡养义务的，可以作为第一顺序继承人享有继承权。同时，不受丧偶儿媳、丧偶女婿是否再婚的影响，也不受丧偶儿媳、丧偶女婿的子女是否代位继承的限制。

在司法实践中，丧偶儿媳、丧偶女婿是否尽了主要赡养义务主要参考以下几个因素：

一是，经济供养方面，丧偶儿媳、丧偶女婿是否实际承担公婆、岳父母生前养老费用支出，主要包括生活费、医疗费、护理费以及承担金额大小。

二是，生活照料方面，丧偶儿媳、丧偶女婿是否实际照顾公婆、岳父母生活起居及持续时间。

三是，精神慰藉方面，丧偶儿媳、丧偶女婿是否与公婆、岳父母保持情感联系以及生活联络次数和频度。

四是，丧礼风俗因素，丧偶儿媳、丧偶女婿是否参与操办公婆、岳父母丧事，以儿媳、女婿身份参加丧礼仪式以及承担丧事费用支出。

二、遗产继承

第 34 问

对老年人不尽赡养义务的子女是否能够分得老年人的财产？

根据《中华人民共和国民法典》第一千一百三十条的规定："同一顺序继承人继承遗产的份额，一般应当均等。对生活有特殊困难又缺乏劳动能力的继承人，分配遗产时，应当予以照顾。对被继承人尽了主要扶养义务或者与被继承人共同生活的继承人，分配遗产时，可以多分。有扶养能力和有扶养条件的继承人，不尽扶养义务的，分配遗产时，应当不分或者少分。继承人协商同意的，也可以不均等。"第一千一百二十五条规定："继承人有下列行为之一的，丧失继承权：（一）故意杀害被继承人；（二）为争夺遗产而杀害其他继承人；（三）遗弃被继承人，或者虐待被继承人情节严重；（四）伪造、篡改、隐匿或者销毁遗嘱，情节严重；（五）以欺诈、胁迫手段迫使或者妨碍被继承人设立、变更或者撤回遗嘱，情节严重。继承人有前款第三项至第五项行为，确有悔改表现，被继承人表示宽恕或者事后在遗嘱中将其列为继承人的，该继承人不丧失继承权。受遗赠人有本条第一款规定行为的，丧失受遗赠权。"

从上述法律规定可知，对老年人不尽赡养义务的子女不会丧失继承权，还是有可能继承到老年人的财产的。但是有扶养能力和有扶养条件的子女对父母不尽赡养义务的，在分配遗产时，应当不分或者少分财产。

需要注意的是，根据《中华人民共和国刑法》第二百六十一条的规定："对于年老、年幼、患病或者其他没有独立生活能力的人，负有扶养义务而拒绝扶养，情节恶劣的，处五年以下有期徒刑、拘役或者管制。"如果子女拒绝扶养老年人，情节恶劣的，可能涉嫌遗弃罪，将面临五年以下有期徒刑、拘役或者管制的刑事处罚措施。

二、遗产继承

第 35 问

子女虐待父母，情节严重的，还能继承父母的遗产吗？

根据《中华人民共和国民法典》第一千一百二十五条的规定："继承人有下列行为之一的，丧失继承权：（一）故意杀害被继承人；（二）为争夺遗产而杀害其他继承人；（三）遗弃被继承人，或者虐待被继承人情节严重；（四）伪造、篡改、隐匿或者销毁遗嘱，情节严重；（五）以欺诈、胁迫手段迫使或者妨碍被继承人设立、变更或者撤回遗嘱，情节严重。继承人有前款第三项至第五项行为，确有悔改表现，被继承人表示宽恕或者事后在遗嘱中将其列为继承人的，该继承人不丧失继承权。受遗赠人有本条第一款规定行为的，丧失受遗赠权。"

子女虐待父母，情节严重的，则子女丧失其继承权，不能继承父母的遗产。如果作为继承人的子女确有悔改表现，作为被继承人的父母表示宽恕或者事后在遗嘱中将其列为继承人的，该继承人不丧失继承权，仍然可以继承父母的遗产。

同时，根据《中华人民共和国老年人权益保障法》第三条第三款的规定:"禁止歧视、侮辱、虐待或者遗弃老年人。"第七十六条还规定:"干涉老年人婚姻自由,对老年人负有赡养义务、扶养义务而拒绝赡养、扶养,虐待老年人或者对老年人实施家庭暴力的,由有关单位给予批评教育;构成违反治安管理行为的,依法给予治安管理处罚;构成犯罪的,依法追究刑事责任。"《中华人民共和国治安管理处罚法》第四十五条规定:"有下列行为之一的,处五日以下拘留或者警告:(一)虐待家庭成员,被虐待人要求处理的;(二)遗弃没有独立生活能力的被扶养人的。"《中华人民共和国刑法》第二百六十条还规定:"虐待家庭成员,情节恶劣的,处二年以下有期徒刑、拘役或者管制。犯前款罪,致使被害人重伤、死亡的,处二年以上七年以下有期徒刑。第一款罪,告诉的才处理,但被害人没有能力告诉,或者因受到强制、威吓无法告诉的除外。"

我国法律明确禁止虐待老年人,如果虐待老年人的行为违反治安管理行为的,当地公安机关将依法给予治安管理处罚;构成犯罪的,则依法追究刑事责任。

对虐待家庭成员构成犯罪的,依法追究刑事责任。受害人可以依照《中华人民共和国刑事诉讼法》的有关规定,向人民法院提起自诉。当老年人遭到虐待时,建议老年人第一时间向公安机关报案。当地公安机关将根据情节轻重,对虐待者处以五日以下拘留或者警告。

老年人还可以直接向人民法院起诉,请求追究虐待者的刑事责任。在我国刑法上,虐待罪是告诉才处理的犯罪,在出现被害人重伤、死亡时,公安机关才会立案侦查并提交人民检察院提起公诉。

# 三、房屋住宅

导读

随着老龄化社会的来临和房屋价格的居高不下,房子作为多数家庭当中的核心资产,房产问题越来越成为家庭矛盾纠纷的焦点问题,如何处理自己的房产才能避免家庭纠纷,以及如何保护自身的生活不受影响,成为老年人重点关心的话题。许多老年人开始考虑如何规划自己的身后事以及如何妥善处理自己的房产。与此同时,由于子女结婚时资产不足,大多由一方或双方父母为子女买房,在婚前与婚后购买房屋、登记在男女一方名下或登记在双方名下,不同情况下房产的所有权归谁,也是社会热点问题。为了让老年人对前述问题有清晰的认识和规划,本部分从前述常见的问题出发,从法律层面提醒老年人在处置房产、为子女出资购房时需要注意的事项。

三、房屋住宅

第36问

老年人想把名下的房屋过户给儿子，又担心将来被儿子赶出家门，怎么办？

依据《中华人民共和国民法典》第三百六十六条的规定："居住权人有权按照合同约定，对他人的住宅享有占有、使用的用益物权，以满足生活居住的需要。"第三百六十七条还规定："设立居住权，当事人应当采用书面形式订立居住权合同。居住权合同一般包括下列条款：（一）当事人的姓名或者名称和住所；（二）住宅的位置；（三）居住的条件和要求；（四）居住权期限；（五）解决争议的方法。"另外，第三百六十八条规定："居住权无偿设立，但是当事人另有约定的除外。设立居住权的，应当向登记机构申请居住权登记。居住权自登记时设立。"第三百六十九条规定："居住权不得转让、继承。设立居住权的住宅不得出租，但是当事人另有约定的除外。"第三百七十条规定："居住权期限届满或者居住权人死亡的，居住权消灭。居住权消灭的，应当及时办理注销登记。"

从上述法律规定可知，老年人想把名下的房屋过户给儿子，又担心将来被儿子赶出家门的，在过户时可以与儿子签订居住权合同。签订居住权合同必须采用书面形式，需要注意的是，在签署居住权合同后，双方当事人需要前往当地的不动产登记机构申请居住权登记，否则老年人将无法主张居住权已经设立。

居住权合同一般包括下列条款：一是，当事人的姓名或者名称和住所；二是，住宅的位置；三是，居住的条件和要求；四是，居住权期限；五是，解决争议的方法。

此外，居住权合同约定的期限届满的或者居住权人死亡的，居住权消灭。当居住权消灭时，当事人应前往当地的不动产登记机构及时办理注销登记。

三、房屋住宅

第 37 问

老年人赠房之后还能反悔吗？

老年人赠房之后，在符合法律规定的条件下可以撤销赠与合同，具体如下：

1.老年人赠房之后，在房屋办理转移变更登记之前，可以随时撤销赠与房屋的行为。但是，如果赠与合同是经过公证的，则不能撤销赠与。

《中华人民共和国民法典》第六百五十八条规定："赠与人在赠与财产的权利转移之前可以撤销赠与。经过公证的赠与合同或者依法不得撤销的具有救灾、扶贫、助残等公益、道德义务性质的赠与合同，不适用前款规定。"第六百六十条还规定："经过公证的赠与合同或者依法不得撤销的具有救灾、扶贫、助残等公益、道德义务性质的赠与合同，赠与人不交付赠与财产的，受赠人可以请求交付。依据前款规定应当交付的赠与财产因赠与人故意或者重大过失致使毁损、灭失的，赠与人应当承担赔偿责任。"

2.老年人赠房之后,在房屋办理转移变更登记之前,如果受赠人严重侵害老年人或者老年人近亲属合法权益的,或受赠人对老年人有扶养义务而不履行,或受赠人不履行赠与合同约定义务的,老年人可以在知道或者应当知道撤销事由之日起一年内行使撤销权。

《中华人民共和国民法典》第六百六十三条规定:"受赠人有下列情形之一的,赠与人可以撤销赠与:(一)严重侵害赠与人或者赠与人近亲属的合法权益;(二)对赠与人有扶养义务而不履行;(三)不履行赠与合同约定的义务。赠与人的撤销权,自知道或者应当知道撤销事由之日起一年内行使。"

3.如果受赠人的违法行为致使作为赠与人的老年人死亡或者丧失民事行为能力的,赠与人的继承人或者法定代理人也可以在知道或者应当知道撤销事由之日起六个月内撤销赠与。

《中华人民共和国民法典》第六百六十四条规定:"因受赠人的违法行为致使赠与人死亡或者丧失民事行为能力的,赠与人的继承人或者法定代理人可以撤销赠与。赠与人的继承人或者法定代理人的撤销权,自知道或者应当知道撤销事由之日起六个月内行使。"

4.如果老年人的经济状况显著恶化,严重影响其生产经营或者家庭生活的,可以不再履行赠与义务。

《中华人民共和国民法典》第六百六十六条规定:"赠与人的经济状况显著恶化,严重影响其生产经营或者家庭生活的,可以不再履行赠与义务。"

第 38 问

老年人可以把房子过户给孙子吗?

老年人可以通过签订赠与合同或买卖合同的方式将房屋过户给孙子,具体如下:

1.老年人可以通过签订赠与合同将房屋赠与孙子。赠与合同是赠与人将自己的财产无偿给予受赠人,受赠人表示接受赠与的合同。

根据《中华人民共和国民法典》第六百五十九条的规定:"赠与的财产依法需要办理登记或者其他手续的,应当办理有关手续。"第六百五十八条还规定:"赠与人在赠与财产的权利转移之前可以撤销赠与。经过公证的赠与合同或者依法不得撤销的具有救灾、扶贫、助残等公益、道德义务性质的赠与合同,不适用前款规定。"

从上述法律规定可知,赠与房屋需要办理如下手续:一是,老年人作为赠与人与作为受赠人的孙子签署书面的房屋赠与合同。二是,办理房屋所有权转移登记手续。双方到当地房地产管理机构申请变更登记。 三是,老年人将房屋交付给作为受赠人的孙子。此外，老年人在赠与房屋后也是可以撤销赠与的。

2.老年人还可以通过买卖的方式将房屋过户给孙子。该种方式与赠与合同相比，老年人不能主张要回房屋，但是老年人可以凭买卖合同要求作为受让方的孙子支付购房款。

此时，双方需要签署书面的房屋买卖合同，房屋买卖合同主要包括以下内容：

一是，交易房屋基本状况，具体包括房屋位置、面积、产权证号、产权人、共有权人等。

二是，房屋产权状况说明，要求卖方书面承诺房屋产权无查封、无债务纠纷，共有权人同意出售房屋等。

三是，房屋成交价格，合同中应当明确该成交价格是否包括装饰装修、家具家电、公共维修基金款项。如果包括前两项，应该用附件方式另行说明其具体状况。

四是，付款方式，需要明确约定是银行贷款还是全款支付，是一次性支付还是分期支付，以及是银行转账还是现金等。

五是，税费负担约定，要明确约定买卖各方应当承担的税费种类。

六是，房屋转移登记，即房屋过户，合同中一定要将过户时间约定清楚。

七是，房屋交接，主要约定交房时间，卖方须结清水电煤、暖气、物业、电话、有线电视等一切费用，多少天内卖方应当办理户口迁出手续等条款。

八是，违约责任，包括卖方逾期交房、逾期办理过户手续或者权属产生争议等违约责任。

三、房屋住宅

第 39 问

老年人是否可以立遗嘱将房屋赠给保姆？

依据《中华人民共和国民法典》第一千一百三十三条的规定："自然人可以依照本法规定立遗嘱处分个人财产，并可以指定遗嘱执行人。自然人可以立遗嘱将个人财产指定由法定继承人中的一人或者数人继承。自然人可以立遗嘱将个人财产赠与国家、集体或者法定继承人以外的组织、个人。自然人可以依法设立遗嘱信托。"第一千一百五十八条规定："自然人可以与继承人以外的组织或者个人签订遗赠扶养协议。按照协议，该组织或者个人承担该自然人生养死葬的义务，享有受遗赠的权利。"

从上述法律规定可知，老年人不宜通过立遗嘱的方式将房屋赠给保姆。但老年人可以通过与保姆签署遗赠扶养协议的方式，将房屋赠与保姆。因为老年人通过立遗嘱仅可以将个人财产指定由法定继承人继承，对于法定继承人以外的保姆而言，老年人可以与其签署遗赠扶养协议。

遗赠扶养协议是遗赠人和扶养人之间关于扶养人承担遗赠人的生养死葬的义务，遗赠人的财产在其死后转归扶养人所有的协议。遗赠扶养协议是一种平等、有偿和互为权利义务关系的民事法律关系。

需要注意的是，老年人作为遗赠人有权在法律范围内按照自己的意愿自由处分财产，但遗赠人在选取扶养人、签订遗赠扶养协议时要慎重，尤其是房屋作为个人或家庭财产权利中价值较大且有重要生活保障作用的财产，更要慎重。

为避免履行过程中发生不必要的争议，遗赠扶养协议一般采用书面形式，应当在协议中明确双方的权利义务，明确遗赠财产的名称、数量、范围以及提供扶养的具体内容。签订遗赠扶养协议书后，双方应依法依约履行合同义务，方可确保权利有效实现。

三、房屋住宅

第 40 问

父母为子女买房需要注意什么？

房子是多数家庭中的核心资产，房产问题越来越成为家庭矛盾纠纷的焦点问题，父母为子女买房如何才能保护好财富不流失和避免家庭纠纷，成为社会重点关心的话题。父母为子女买房的注意事项主要如下：

1.父母需要明确出资款项的性质，是属于赠与性质，还是属于借款性质。建议使用银行转账方式，并保存好回执单。

根据《最高人民法院关于适用〈中华人民共和国民法典〉婚姻家庭编的解释（一）》第二十九条的规定："当事人结婚前，父母为双方购置房屋出资的，该出资应当认定为对自己子女个人的赠与，但父母明确表示赠与双方的除外。当事人结婚后，父母为双方购置房屋出资的，依照约定处理；没有约定或者约定不明确的，按照民法典第一千零六十二条第一款第四项规定的原则处理。"《中华人民共和国民法典》第一千零六十二条规定："夫妻在婚姻关系存续期间所得的下列财产，为夫妻的共同财产，归夫妻共同所有：（一）工资、奖金、劳务报酬；（二）生产、经营、投资的收益；（三）知识产权的收益；（四）继承或者受赠的财产，但是本法第一千零六十三条第三项规定的除外；（五）其他应当归共同所有的财产。夫妻对共同财产，有平等的处理权。"

2.如果父母出资购买房屋是赠与子女的，需要明确是赠与自己的子女，还是赠与小两口儿，必要时，可以签署书面的协议予以明确。

3.如父母为子女出资购买房屋属于赠与性质的，并且办理了房产登记，一般情况下，已进行房产变更登记的房产赠与协议，原则上不可撤销。但是有如下情形的，父母可以撤销相应赠与：

一是，根据《中华人民共和国民法典》第六百六十三条的规定，受赠人有下列情形之一的，赠与人有权自知道或者应当知道撤销事由之日起一年内行使撤销权：（1）严重侵害赠与人或者赠与人近亲属的合法权益；（2）对赠与人有扶养义务而不履行；（3）不履行赠与合同约定的义务。

二是，根据《中华人民共和国民法典》第六百六十四条的规定，因受赠人的违法行为致使赠与人死亡或者丧失民事行为能力的，赠与人的继承人或者法定代理人可以撤销赠与。赠与人的继承人或者法定代理人的撤销权，自知道或者应当知道撤销事由之日起六个月内行使。

三是，根据《中华人民共和国民法典》第六百六十六条的规定，赠与人的经济状况显著恶化，严重影响其生产经营或者家庭生活的，可以不再履行赠与义务。

第41问

父母在儿女结婚前，给儿女付首付购房，婚后小两口儿共同还贷的，该房屋所有权归谁？

根据《最高人民法院关于适用〈中华人民共和国民法典〉婚姻家庭编的解释（一）》第二十九条的规定："当事人结婚前，父母为双方购置房屋出资的，该出资应当认定为对自己子女个人的赠与，但父母明确表示赠与双方的除外。当事人结婚后，父母为双方购置房屋出资的，依照约定处理；没有约定或者约定不明确的，按照民法典第一千零六十二条第一款第四项规定的原则处理。"《中华人民共和国民法典》第一千零六十三条规定："下列财产为夫妻一方的个人财产：（一）一方的婚前财产；（二）一方因受到人身损害获得的赔偿或者补偿；（三）遗嘱或者赠与合同中确定只归一方的财产；（四）一方专用的生活用品；（五）其他应当归一方的财产。"第一千零六十二条还规定："夫妻在婚姻关系存续期间所得的下列财产，为夫妻的共同财产，归夫妻共同所有：（一）工资、奖金、劳务报酬；（二）生产、经营、投资的收益；（三）知识产权的收益；（四）继承或者受赠的财产，但是本

法第一千零六十三条第三项规定的除外；（五）其他应当归共同所有的财产。夫妻对共同财产，有平等的处理权。"

从上述法律规定可知，父母在儿女结婚前，给儿女支付首付款购房，婚后小两口儿共同还贷的，分如下两种情况：

一是，如果婚前由一方父母支付首付款，登记在一方子女名下，婚后由夫妻双方共同还贷的，可认定该房屋属于一方的个人财产，即父母在婚前首付款的部分是对一方子女的赠与，但双方婚后共同还贷支付的款项及其对应房屋增值部分属于夫妻共同财产。

二是，如果婚前由一方父母支付首付款，登记在双方子女或另一方子女名下，婚后由夫妻双方共同还贷的，可以视为父母赠与双方，应该认定为夫妻共同财产，按照共同共有处理。

第 42 问

双方父母共同为子女购房且为全额出资，该房屋所有权归谁？

根据《最高人民法院关于适用〈中华人民共和国民法典〉婚姻家庭编的解释（一）》第二十九条的规定："当事人结婚前，父母为双方购置房屋出资的，该出资应当认定为对自己子女个人的赠与，但父母明确表示赠与双方的除外。当事人结婚后，父母为双方购置房屋出资的，依照约定处理；没有约定或者约定不明确的，按照民法典第一千零六十二条第一款第四项规定的原则处理。"《中华人民共和国民法典》第一千零六十三条规定："下列财产为夫妻一方的个人财产：（一）一方的婚前财产；（二）一方因受到人身损害获得的赔偿或者补偿；（三）遗嘱或者赠与合同中确定只归一方的财产；（四）一方专用的生活用品；（五）其他应当归一方的财产。"第一千零六十二条还规定："夫妻在婚姻关系存续期间所得的下列财产，为夫妻的共同财产，归夫妻共同所有：（一）工资、奖金、劳务报酬；（二）生产、经营、投资的收益；（三）知识产权的收益；（四）继承或者受赠的财产，但是本

三、房屋住宅

法第一千零六十三条第三项规定的除外;(五)其他应当归共同所有的财产。夫妻对共同财产,有平等的处理权。"

从上述法律规定可知,双方父母共同为子女购房且为全额出资,该房屋所有权归谁,有两种情况:

一是,如果是婚前,双方父母共同为子女购置房屋全额出资的,无论所有权登记在一方子女名下还是双方子女名下,通常视为双方父母对自己子女的赠与,该房屋可以认定为双方子女按照各自父母出资份额按份共有。

二是,如果是婚后,双方父母共同为子女购置房屋全额出资的,登记在一方子女名下的,有约定的按照约定处理;没有约定或者约定不明确的,按夫妻共同财产处理,归双方子女共同所有。如果登记在双方子女名下的,该房屋归双方子女共同所有。

第43问

婚后一方父母全额出资给子女买房，产权登记在子女的名下，该房屋所有权归谁？

根据《最高人民法院关于适用〈中华人民共和国民法典〉婚姻家庭编的解释（一）》第二十九条的规定："当事人结婚前，父母为双方购置房屋出资的，该出资应当认定为对自己子女个人的赠与，但父母明确表示赠与双方的除外。当事人结婚后，父母为双方购置房屋出资的，依照约定处理；没有约定或者约定不明确的，按照民法典第一千零六十二条第一款第四项规定的原则处理。"《中华人民共和国民法典》第一千零六十三条规定："下列财产为夫妻一方的个人财产：（一）一方的婚前财产；（二）一方因受到人身损害获得的赔偿或者补偿；（三）遗嘱或者赠与合同中确定只归一方的财产；（四）一方专用的生活用品；（五）其他应当归一方的财产。"第一千零六十二条还规定："夫妻在婚姻关系存续期间所得的下列财产，为夫妻的共同财产，归夫妻共同所有：（一）工资、奖金、劳务报酬；（二）生产、经营、投资的收益；（三）知识产权的收益；（四）继承或者受赠的财产，但是本

法第一千零六十三条第三项规定的除外；（五）其他应当归共同所有的财产。夫妻对共同财产，有平等的处理权。"

从上述法律规定可知，如果房屋系一方父母全额出资，登记在己方子女名下，一般是父母将出资确定赠与给自己子女一方的意思表示，房屋所有权归登记子女名下。

第 44 问

婚后一方父母全额出资，但产权登记在出资人子女配偶或双方名下，该房屋所有权归谁？

根据《最高人民法院关于适用〈中华人民共和国民法典〉婚姻家庭编的解释（一）》第二十九条的规定："当事人结婚前，父母为双方购置房屋出资的，该出资应当认定为对自己子女个人的赠与，但父母明确表示赠与双方的除外。当事人结婚后，父母为双方购置房屋出资的，依照约定处理；没有约定或者约定不明确的，按照民法典第一千零六十二条第一款第四项规定的原则处理。"《中华人民共和国民法典》第一千零六十三条规定："下列财产为夫妻一方的个人财产：（一）一方的婚前财产；（二）一方因受到人身损害获得的赔偿或者补偿；（三）遗嘱或者赠与合同中确定只归一方的财产；（四）一方专用的生活用品；（五）其他应当归一方的财产。"第一千零六十二条还规定："夫妻在婚姻关系存续期间所得的下列财产，为夫妻的共同财产，归夫妻共同所有：（一）工资、奖金、劳务报酬；（二）生产、经营、投资的收益；（三）知识产权的收益；（四）继承或者受赠的财产，但是本

法第一千零六十三条第三项规定的除外;(五)其他应当归共同所有的财产。夫妻对共同财产,有平等的处理权。"

从上述法律规定可知,如果房屋系婚后一方父母全额出资,登记在双方或对方子女名下,人民法院会查明出资方父母的真实意思表示,若能证明该出资系对子女双方的赠与的,该房屋可以认定为夫妻共同共有。当然,由于另一方未对出资作出贡献,在离婚分割份额时会相应少分。

第 45 问

婚前一方父母全额出资买房，产权登记在双方子女或另一方子女名下的，离婚时该房屋所有权归谁？

根据《最高人民法院关于适用〈中华人民共和国民法典〉婚姻家庭编的解释（一）》第二十九条的规定："当事人结婚前，父母为双方购置房屋出资的，该出资应当认定为对自己子女个人的赠与，但父母明确表示赠与双方的除外。当事人结婚后，父母为双方购置房屋出资的，依照约定处理；没有约定或者约定不明确的，按照民法典第一千零六十二条第一款第四项规定的原则处理。"《中华人民共和国民法典》第一千零六十二条规定："夫妻在婚姻关系存续期间所得的下列财产，为夫妻的共同财产，归夫妻共同所有：（一）工资、奖金、劳务报酬；（二）生产、经营、投资的收益；（三）知识产权的收益；（四）继承或者受赠的财产，但是本法第一千零六十三条第三项规定的除外；（五）其他应当归共同所有的财产。夫妻对共同财产，有平等的处理权。"

三、房屋住宅

从上述法律规定可知，婚前一方父母全额出资，产权登记在双方子女或另一方子女名下，可以推定该出资资金属于一方父母对双方子女的赠与，在离婚时该房屋所有权为夫妻共同财产，归双方子女共同所有。比如，婚前，男方的父母买了一套房子，并把房子登记在女方名下或者登记在男女双方名下的，相当于各方之间有约定：男方的父母把房子赠与男方和女方两个人，该套房子属于夫妻共同财产，离婚时需要分割。

第 46 问

婚前一方父母全额出资买房，产权登记在出资一方父母的子女名下，离婚时该房屋所有权归谁？

根据《最高人民法院关于适用〈中华人民共和国民法典〉婚姻家庭编的解释（一）》第二十九条的规定："当事人结婚前，父母为双方购置房屋出资的，该出资应当认定为对自己子女个人的赠与，但父母明确表示赠与双方的除外。当事人结婚后，父母为双方购置房屋出资的，依照约定处理；没有约定或者约定不明确的，按照民法典第一千零六十二条第一款第四项规定的原则处理。"《中华人民共和国民法典》第一千零六十二条规定："夫妻在婚姻关系存续期间所得的下列财产，为夫妻的共同财产，归夫妻共同所有：（一）工资、奖金、劳务报酬；（二）生产、经营、投资的收益；（三）知识产权的收益；（四）继承或者受赠的财产，但是本法第一千零六十三条第三项规定的除外；（五）其他应当归共同所有的财产。夫妻对共同财产，有平等的处理权。"

三、房屋住宅

从上述法律规定可知，如果婚前一方父母全额出资，产权登记在出资一方父母的子女名下，则该出资资金属于出资一方父母对其子女的赠与，在离婚时该房屋所有权归受赠一方子女。比如，婚前，女方的父母买了一套房子，并把房子登记在女方名下，相当于女方的父母把房子赠与女方，该套房子属于女方的婚前个人财产，离婚时不需要分割。

第47问

婚后一方父母给子女支付首付款购房，小两口儿共同还贷的，该房屋所有权归谁？

根据《最高人民法院关于适用〈中华人民共和国民法典〉婚姻家庭编的解释（一）》第二十九条的规定："当事人结婚前，父母为双方购置房屋出资的，该出资应当认定为对自己子女个人的赠与，但父母明确表示赠与双方的除外。当事人结婚后，父母为双方购置房屋出资的，依照约定处理；没有约定或者约定不明确的，按照民法典第一千零六十二条第一款第四项规定的原则处理。"《中华人民共和国民法典》第一千零六十二条规定："夫妻在婚姻关系存续期间所得的下列财产，为夫妻的共同财产，归夫妻共同所有：（一）工资、奖金、劳务报酬；（二）生产、经营、投资的收益；（三）知识产权的收益；（四）继承或者受赠的财产，但是本法第一千零六十三条第三项规定的除外；（五）其他应当归共同所有的财产。夫妻对共同财产，有平等的处理权。"

从上述法律规定可知，婚后一方父母给子女支付首付款购房，小两口儿共同还贷的，分为两种情况：

三、房屋住宅

一是，如果婚后由一方父母支付首付款，登记在己方子女名下，由夫妻双方共同还贷的，该房屋一般应作为夫妻共同财产。一般认为，只有在一方父母全额出资，且登记在己方子女名下时，才能推定有赠与己方子女的意思；而在一方父母部分出资的情况下原则上不能作此推定。一般认为该不动产应作为夫妻共有财产，在离婚时综合考虑出资来源、装修情况等因素予以公平分割。

二是，如果婚后由一方父母支付首付款，登记在双方子女名下，父母出资应认定为对子女双方的赠与，又因为夫妻共同还贷，应该认定为夫妻共同财产，按照共同共有处理。

四、婚姻家庭

导读

随着我国步入老龄化社会的步伐加快，由老年人再婚引发的家庭矛盾、法律纠纷逐渐增多。虽然此类婚姻受法律的保护，但仍会出现诸如子女不满等问题。同时，老年人婚恋中，再婚老年人往往专注于对幸福生活的规划，却疏于对现实问题的妥善安排，导致实践中婚前对相关权利义务的约定不明确，对婚姻导致的家庭纠葛缺乏足够的预见，许多原本和谐的家庭在老年人再婚后陷入冲突、矛盾甚至引发一系列的诉讼。值得注意的是，部分子女不回家探望老年人，也引发了一系列问题。对老年人的赡养，是否付给老年人生活所需的金钱不是衡量的唯一标准，还包括对老年人精神情感的慰藉，与老年人分开居住的家庭成员，应当常回家看看。为此，本部分着眼于老年人再婚、财产安排、子女探望等现实问题，提出相应的解决方案，以期老年人及其配偶、子女可以获得相应权益和法律保护，让老年人有一个幸福的晚年。

四、婚姻家庭

第 48 问

老年人与配偶之间有相互扶养的义务吗？

根据《中华人民共和国民法典》第一千零五十九条的规定："夫妻有相互扶养的义务。需要扶养的一方，在另一方不履行扶养义务时，有要求其给付扶养费的权利。"《中华人民共和国老年人权益保障法》第二十三条规定："老年人与配偶有相互扶养的义务。由兄、姐扶养的弟、妹成年后，有负担能力的，对年老无赡养人的兄、姐有扶养的义务。"

从上述法律规定可知，老年人与配偶之间有相互扶养的义务，需要扶养是指其中一方的就业或谋生能力暂时或较长时间丧失，致其没有生活来源或无独立生活能力，或者是因患病、年老等原因不能维持正常生活水平，此时另一方需要履行相应的扶养义务。

夫妻相互扶养义务是法定义务，当夫妻一方没有固定收入和缺乏生活来源，或者无独立生活能力或生活困难，或因患病、年老等原因需要扶养，另一方不履行扶养义务时，需要扶养的一方有权要求另一方给付扶养费。

此外，根据《中华人民共和国老年人权益保障法》第七十五条的规定："老年人与家庭成员因赡养、扶养或者住房、财产等发生纠纷，可以申请人民调解委员会或者其他有关组织进行调解，也可以直接向人民法院提起诉讼。人民调解委员会或者其他有关组织调解前款纠纷时，应当通过说服、疏导等方式化解矛盾和纠纷；对有过错的家庭成员，应当给予批评教育。人民法院对老年人追索赡养费或者扶养费的申请，可以依法裁定先予执行。"第七十六条还规定："干涉老年人婚姻自由，对老年人负有赡养义务、扶养义务而拒绝赡养、扶养，虐待老年人或者对老年人实施家庭暴力的，由有关单位给予批评教育；构成违反治安管理行为的，依法给予治安管理处罚；构成犯罪的，依法追究刑事责任。"

从上述法律规定可知，如果夫妻双方因扶养问题发生纠纷，可以申请人民调解委员会或者其他有关组织进行调解，也可以直接向人民法院提起诉讼。

如果扶养义务人拒不扶养的行为构成违反治安管理行为的，老年人可以向当地公安机关报案，请求依法对扶养义务人给予治安管理处罚；如果扶养义务人的行为构成犯罪的，老年人也可以请求司法机关依法追究扶养义务人的刑事责任。

四、婚姻家庭

第 49 问

老年人想再婚或者离婚，子女有权干涉吗？

根据《中华人民共和国民法典》第一千零四十一条的规定："婚姻家庭受国家保护。实行婚姻自由、一夫一妻、男女平等的婚姻制度。保护妇女、未成年人、老年人、残疾人的合法权益。"第一千零四十二条还规定："禁止包办、买卖婚姻和其他干涉婚姻自由的行为。禁止借婚姻索取财物。禁止重婚。禁止有配偶者与他人同居。禁止家庭暴力。禁止家庭成员间的虐待和遗弃。"《中华人民共和国老年人权益保障法》第二十一条规定："老年人的婚姻自由受法律保护。子女或者其他亲属不得干涉老年人离婚、再婚及婚后的生活。赡养人的赡养义务不因老年人的婚姻关系变化而消除。"第七十六条也规定："干涉老年人婚姻自由，对老年人负有赡养义务、扶养义务而拒绝赡养、扶养，虐待老年人或者对老年人实施家庭暴力的，由有关单位给予批评教育；构成违反治安管理行为的，依法给予治安管理处罚；构成犯罪的，依法追究刑事责任。"

从上述法律规定可知，老年人的婚姻自由受法律保护，子女不得干涉父母再婚或者离婚。子女对老年人负有法定的赡养义务，即使老年人再婚或离婚的，子女仍然要履行对父母的赡养义务，子女不能以老年人再婚或者离婚为由拒绝履行赡养义务。

四、婚姻家庭

第 50 问

老年人再婚不领证，能否规避法律问题？

根据《中华人民共和国民法典》第一千零四十九条的规定："要求结婚的男女双方应当亲自到婚姻登记机关申请结婚登记。符合本法规定的，予以登记，发给结婚证。完成结婚登记，即确立婚姻关系。未办理结婚登记的，应当补办登记。"

从上述法律规定可知，老年人再婚不领证，属于同居关系，仅靠感情、道德维系再婚关系，缺乏法律上的保障。两人共同生活，难以分清财产、生活支出等归谁所有、承担比例等问题，如果发生纠纷，举证不能的一方往往要承担较大损失。

此外，根据《中华人民共和国民法典》第一千零六十二条的规定："夫妻在婚姻关系存续期间所得的下列财产，为夫妻的共同财产，归夫妻共同所有：（一）工资、奖金、劳务报酬；（二）生产、经营、投资的收益；（三）知识产权的收益；（四）继承或者受赠的财产，但是本法第一千零六十三条第三项规定的除外；（五）其他应当归共同所有的财产。夫妻对共同财产，有平等的处理权。"第一千零六十三条规定："下列财产为夫妻一方的个人财产：(一)一方的婚前财产；(二)一方因受到人身损害获得的赔偿或者补偿；(三)遗嘱或者赠与合同中确定只归一方的财产；(四)一方专用的生活用品；(五)其他应当归一方的财产。"另外，第一千零六十五条第一款还规定："男女双方可以约定婚姻关系存续期间所得的财产以及婚前财产归各自所有、共同所有或者部分各自所有、部分共同所有。约定应当采用书面形式。没有约定或者约定不明确的，适用本法第一千零六十二条、第一千零六十三条的规定。"第一千一百三十三条还规定："自然人可以依照本法规定立遗嘱处分个人财产，并可以指定遗嘱执行人。自然人可以立遗嘱将个人财产指定由法定继承人中的一人或者数人继承。自然人可以立遗嘱将个人财产赠与国家、集体或者法定继承人以外的组织、个人。自然人可以依法设立遗嘱信托。"

建议老年人再婚最好办理结婚登记，老年人可以在婚前通过书面协议的方式约定各自名下的财产种类、范围和归属，婚姻关系存续期间所得财产为共同共有。

与此同时，老年人还可以提前立遗嘱。为了避免各继承人为了争夺遗产发生争议，被继承人可以在生前按照自己的意愿将遗产进行分配，比如各自对属于个人所有的财产订立遗嘱，将财产留给各自的亲生子女。

四、婚姻家庭

第51问

老年人再婚前应怎样确定各自的财产权？

根据《中华人民共和国民法典》第一千零六十二条第一款的规定："夫妻在婚姻关系存续期间所得的下列财产，为夫妻的共同财产，归夫妻共同所有：（一）工资、奖金、劳务报酬；（二）生产、经营、投资的收益；（三）知识产权的收益；（四）继承或者受赠的财产，但是本法第一千零六十三条第三项规定的除外；（五）其他应当归共同所有的财产。"第一千零六十三条规定："下列财产为夫妻一方的个人财产：（一）一方的婚前财产；（二）一方因受到人身损害获得的赔偿或者补偿；（三）遗嘱或者赠与合同中确定只归一方的财产；（四）一方专用的生活用品；（五）其他应当归一方的财产。"另外，第一千零六十五条第一款还规定："男女双方可以约定婚姻关系存续期间所得的财产以及婚前财产归各自所有、共同所有或者部分各自所有、部分共同所有。约定应当采用书面形式。没有约定或者约定不明确的，适用本法第一千零六十二条、第一千零六十三条的规定。"

婚前财产公证，指未婚男女在登记前达成协议，对各自财产进行有效划分并办理公证。办理婚前财产公证时，当事人应向住所地或协议签订地的公证处提出申请，并提交以下材料：申请人的身份证明；婚前财产协议书（公证处可根据双方意愿代拟）；有关财产证明；其他相关的证明材料。

从上述法律规定可知，老年人再婚前，可以办理婚前财产公证，明确双方婚前财产状况，避免婚前财产与婚后财产混同，难以区分。同时，再婚老年人可以采取自书遗嘱、代书遗嘱、公证遗嘱等形式，对自己的财产分配作明确的书面处理说明，避免产生家庭财产纠纷，具体如下：

一是，老年人再婚前可以签署婚前财产协议及进行公证。协议明确约定各自名下的财产归各自所有，同样也可以约定婚后的财产归各自所有或者共同共有，避免婚前财产与婚后财产混同，难以区分。婚前财产协议是指男女双方对婚后所要共同面对的生活、财产等问题作出的安排，婚前财产协议需要满足四个条件：第一，在签署婚前财产协议时，双方具有完全民事行为能力；第二，双方意思表示真实；第三，婚前财产协议的内容不违反法律、行政法规的强制性规定；第四，婚前财产协议需要采取书面形式。

二是，立遗嘱。根据《中华人民共和国民法典》第一千一百三十三条的规定："自然人可以依照本法规定立遗嘱处分个

四、婚姻家庭

人财产,并可以指定遗嘱执行人。自然人可以立遗嘱将个人财产指定由法定继承人中的一人或者数人继承。自然人可以立遗嘱将个人财产赠与国家、集体或者法定继承人以外的组织、个人。自然人可以依法设立遗嘱信托。"

为了避免各继承人因争夺遗产发生争议,作为被继承人的老年人可以在生前按照自己的意愿将遗产进行分配,如各自对属于个人所有的财产订立遗嘱,将财产留给各自的亲生子女。

第 52 问

老年人再婚后不幸福,想离婚怎么分割财产?

根据《中华人民共和国民法典》第一千零六十二条的规定:"夫妻在婚姻关系存续期间所得的下列财产,为夫妻的共同财产,归夫妻共同所有:(一)工资、奖金、劳务报酬;(二)生产、经营、投资的收益;(三)知识产权的收益;(四)继承或者受赠的财产,但是本法第一千零六十三条第三项规定的除外;(五)其他应当归共同所有的财产。夫妻对共同财产,有平等的处理权。"第一千零六十三条还规定:"下列财产为夫妻一方的个人财产:(一)一方的婚前财产;(二)一方因受到人身损害获得的赔偿或者补偿;(三)遗嘱或者赠与合同中确定只归一方的财产;(四)一方专用的生活用品;(五)其他应当归一方的财产。"另外,第一千零八十七条规定:"离婚时,夫妻的共同财产由双方协议处理;协议不成的,由人民法院根据财产的具体情况,按照照顾子女、女方和无过错方权益的原则判决。对夫或者妻在家庭土地承包经营中享有的权益等,应当依法予以保护。"

从上述法律规定可知,夫妻共同财产的分割一般有两种方

四、婚姻家庭

式：一种是双方协商达成协议；另一种是协商不成的，由人民法院根据财产的具体情况，按照照顾子女、女方和无过错方权益的原则判决。

老年人再婚后离婚的，属于老年人个人的婚前财产，在离婚时无须分割。

实践中，主要是分割夫妻共同财产，一般会区分与生产经营相关的财产、房屋以及知识产权等不同类型的财产而作不同处理，原则上作均等分割，但人民法院会根据财产来源、生活实际需要等情况，按照照顾子女、女方和无过错方权益的原则，作出判决。

例如，双方争议较大的往往是房产的分割问题，房产归属首先还是由双方协商，双方协商不成的，如果双方均想获得房产所有权，人民法院会根据双方是否有其他房产、子女由谁直接抚养、是否有支付对方房产折价款的经济条件等综合分析判断。如果一方想要，则可以判归一方所有，其给另一方房产分割折价款。如果双方均不想要房产，则可以共同委托人民法院对该房产进行拍卖，双方分割拍卖所得的价款。

第 53 问

子女不回家探望，父母可以起诉子女吗？

根据《中华人民共和国老年人权益保障法》第十三条的规定："老年人养老以居家为基础，家庭成员应当尊重、关心和照料老年人。"第十四条规定："赡养人应当履行对老年人经济上供养、生活上照料和精神上慰藉的义务，照顾老年人的特殊需要。赡养人是指老年人的子女以及其他依法负有赡养义务的人。赡养人的配偶应当协助赡养人履行赡养义务。"另外，第十八条规定："家庭成员应当关心老年人的精神需求，不得忽视、冷落老年人。与老年人分开居住的家庭成员，应当经常看望或者问候老年人。用人单位应当按照国家有关规定保障赡养人探亲休假的权利。"

从上述法律规定可知，子女不回家探望，父母可以起诉子女要求其回家探望。赡养父母不仅是中华民族的传统美德，也是每个公民应尽的义务。子女对父母有赡养扶助的法定义务，赡养老人包括经济上的供养、生活上的照料和精神上的慰藉。子女每周探望父母是对老人进行精神慰藉的一种简便易行的方式。

如果子女未能尽到赡养父母的义务，父母的主张是有法律依据的。如果子女对老年人长时间不去探望或者问候，老年人可以向人民法院提起诉讼，要求子女回家探望。

另外，在现实生活中，年轻人不能回家看望父母的主要原因是工作繁忙，为此，《中华人民共和国老年人权益保障法》还规定了用人单位应当保障赡养人探亲休假的权利，在法律上明确规定用人单位应保障公民的探亲休假权，可以进一步促进子女多回家探望、关心父母。

第 54 问

老年人如何拒绝子女"啃老"?

根据《中华人民共和国民法典》第二十六条的规定:"父母对未成年子女负有抚养、教育和保护的义务。成年子女对父母负有赡养、扶助和保护的义务。"此外,《最高人民法院关于适用〈中华人民共和国民法典〉婚姻家庭编的解释(一)》第五十三条也规定:"抚养费的给付期限,一般至子女十八周岁为止。十六周岁以上不满十八周岁,以其劳动收入为主要生活来源,并能维持当地一般生活水平的,父母可以停止给付抚养费。"

"啃老"是一种社会现象,指部分年轻人在成年后甚至成家后,由于不思进取、不想努力而选择靠父母生活,仍消耗父母的经济财富或者人力资源,给父母带来了沉重的经济压力和精神负担。

从上述法律规定可知,对于有劳动能力的成年子女,父母不再具有抚养义务。抚养费的给付期限,一般至子女十八周岁为止。十六周岁以上不满十八周岁,以其劳动收入为主要生活来源,并能维持当地一般生活水平的,父母可以停止给付抚养费。

四、婚姻家庭

如父母自愿向成年子女提供物质帮助，这是父母自愿处分自己财产的权利；但父母不愿意或者没有能力向成年子女提供物质帮助，子女强行索要的，父母有权以子女侵害父母的民事权益为由予以拒绝，甚至起诉到法院，保护自己的权益。

此外，根据《中华人民共和国老年人权益保障法》第十四条的规定："赡养人应当履行对老年人经济上供养、生活上照料和精神上慰藉的义务，照顾老年人的特殊需要。赡养人是指老年人的子女以及其他依法负有赡养义务的人。赡养人的配偶应当协助赡养人履行赡养义务。"第七十六条还规定："干涉老年人婚姻自由，对老年人负有赡养义务、扶养义务而拒绝赡养、扶养，虐待老年人或者对老年人实施家庭暴力的，由有关单位给予批评教育；构成违反治安管理行为的，依法给予治安管理处罚；构成犯罪的，依法追究刑事责任。"此外，第七十七条还规定："家庭成员盗窃、诈骗、抢夺、侵占、勒索、故意损毁老年人财物，构成违反治安管理行为的，依法给予治安管理处罚；构成犯罪的，依法追究刑事责任。"

从上述法律规定可知，成年子女对父母有赡养义务，"啃老"属于不履行赡养义务的行为，是违法行为。如果成年子女"啃老"侵害到老年人的合法权益，老年人可以请求由行为人所在单位、当地村委会或居委会等给予批评教育；如果成年子女的侵害行为构成违反治安管理行为的，老年人有权报警，请求当地公安机关给予治安管理处罚。如果成年子女的侵害行为构成犯罪的，如窃取、骗取、强行索要老年人的储蓄金、养老金、退休金、政府补贴等财产，老年人可以报警，请求当地公安机关依法追究实施侵害人的刑事责任。

四、婚姻家庭

第55问

老年人与家庭成员因赡养、扶养、财产发生纠纷，依法该怎么处理？

根据《中华人民共和国老年人权益保障法》第七十三条规定："老年人合法权益受到侵害的，被侵害人或者其代理人有权要求有关部门处理，或者依法向人民法院提起诉讼。人民法院和有关部门，对侵犯老年人合法权益的申诉、控告和检举，应当依法及时受理，不得推诿、拖延。"第七十五条规定："老年人与家庭成员因赡养、扶养或者住房、财产等发生纠纷，可以申请人民调解委员会或者其他有关组织进行调解，也可以直接向人民法院提起诉讼。人民调解委员会或者其他有关组织调解前款纠纷时，应当通过说服、疏导等方式化解矛盾和纠纷；对有过错的家庭成员，应当给予批评教育。人民法院对老年人追索赡养费或者扶养费的申请，可以依法裁定先予执行。"第七十六条还规定："干涉老年人婚姻自由，对老年人负有赡养义务、扶养义务而拒绝赡养、扶养，虐待老年人或者对老年人实施家庭暴力的，由有关单位给予批评教育；构成违反治安管理行为的，依法给予治安管理处罚；构成犯罪的，依法追究刑事责任。"

从上述法律规定可知，首先，老年人与家庭成员因赡养、扶养、财产发生纠纷时，可以向人民调解委员会或者其他有关组织申请调解，上述组织在调解时，对有过错的家庭成员应当给予批评教育。

其次，老年人也可以通过提起诉讼解决。当老年人的合法权益受侵害时，也可以直接向人民法院起诉。如果因经济困难无力支付律师费用的，可向当地的司法行政机关申请法律援助。同时，如果老年人向法院预交诉讼费确有困难的，可以向人民法院申请缓交、减交、免交诉讼费。

最后，对于虐待、遗弃老年人，抢夺、骗取、偷盗、故意毁坏老年人财产，或干涉老年人婚姻自由等严重侵害老年人合法权益的行为，老年人可以报警。如果子女拒绝扶养老年人，情节恶劣的，老年人也可以报警，请求公安机关追究子女的刑事责任。如子女涉嫌遗弃罪的，将面临处五年以下有期徒刑、拘役或者管制的刑事处罚措施。

… 财产与人身保护

导读

在现实生活中，侵犯老年人权益的行为是非常多的。而老年人因缺乏相关的法律知识和财务知识，不知道如何正确地保护自己的财产和人身安全。老年人的财产保护并不仅仅是为了避免金钱的损失，更是一种对生活质量的保障。本部分通过解答面对家属恶意侵占财产、家庭暴力、人身伤害的维权途径以及监护人制度等财产权益保护、人身保护问题，使老年人能够了解到相应维权措施以保护自己的财产和人身安全，可以确保自己在晚年的生活中拥有更好的医疗、护理和生活条件，让老年人能够幸福安度晚年。

五、财产与人身保护

第 56 问

老年人的家属恶意侵占老年人的财产，该怎么办？

根据《中华人民共和国老年人权益保障法》第二十二条第一款的规定："老年人对个人的财产，依法享有占有、使用、收益和处分的权利，子女或者其他亲属不得干涉，不得以窃取、骗取、强行索取等方式侵犯老年人的财产权益。"第七十七条还规定："家庭成员盗窃、诈骗、抢夺、侵占、勒索、故意损毁老年人财物，构成违反治安管理行为的，依法给予治安管理处罚；构成犯罪的，依法追究刑事责任。"《中华人民共和国治安管理处罚法》第四十九条规定："盗窃、诈骗、哄抢、抢夺、敲诈勒索或者故意损毁公私财物的，处五日以上十日以下拘留，可以并处五百元以下罚款；情节较重的，处十日以上十五日以下拘留，可以并处一千元以下罚款。"此外，《中华人民共和国刑法》第二百七十条还规定："将代为保管的他人财物非法占为己有，数额较大，拒不退还的，处二年以下有期徒刑、拘役或者罚金；数额巨大或者有其他严重情节的，处二年以上五年以下有期徒刑，并处罚金。将他人的遗忘物或者埋藏物非法占为己有，数额较大，拒不交出的，依照前款的规定处罚。本条罪，告诉的才处理。"

从上述法律规定可知，老年人的家属恶意侵占老年人的财产，老年人可以采取如下措施，以维护自身合法权益：

一是，在现实生活中，部分家属恶意侵占老年人财产的，老年人可以先与家属通过协商的方式解决纠纷。

二是，如果协商不成的，老年人可以通过提起民事诉讼的方式要回自己的财产。对于家属恶意侵占财产的，老年人可以委托律师，向人民法院提起民事诉讼，老年人有要求家属返还被侵占财产的权利。

三是，如果家属是通过盗窃、诈骗、哄抢、抢夺、敲诈勒索的方式侵占老年人的财产的，则构成违反治安管理行为，老年人可以向所在辖区的公安机关报案。如家属的行为违反《中华人民共和国治安管理处罚法》的，当地公安机关会依法处以五日以上拘留，并处相应罚款。

四是，如果家属侵占老年人的财产拒不交还，并且数额较大，则涉嫌构成侵占罪，老年人可以向人民法院提起自诉，请求追究家属的刑事责任。侵占罪，是指以非法占有为目的，将代为保管的他人财物、遗忘物或者埋藏物非法占为己有，数额较大，拒不交还的行为。构成侵占罪，一般处二年以下有期徒刑、拘役或者罚金。

五、财产与人身保护

第57问

老年人遭遇家庭暴力怎么办？

根据《中华人民共和国老年人权益保障法》第二十五条的规定："禁止对老年人实施家庭暴力"。第七十六条还规定："干涉老年人婚姻自由，对老年人负有赡养义务、扶养义务而拒绝赡养、扶养，虐待老年人或者对老年人实施家庭暴力的，由有关单位给予批评教育；构成违反治安管理行为的，依法给予治安管理处罚；构成犯罪的，依法追究刑事责任。"同时，《中华人民共和国反家庭暴力法》第三十三条明确规定："加害人实施家庭暴力，构成违反治安管理行为的，依法给予治安管理处罚；构成犯罪的，依法追究刑事责任。"《中华人民共和国治安管理处罚法》第四十三条规定："殴打他人的，或者故意伤害他人身体的，处五日以上十日以下拘留，并处二百元以上五百元以下罚款；情节较轻的，处五日以下拘留或者五百元以下罚款。有下列情形之一的，处十日以上十五日以下拘留，并处五百元以上一千元以下罚款：（一）结伙殴打、伤害他人的；（二）殴打、伤害残疾人、孕妇、不满十四周岁的人或者六十周岁以上的人的；（三）多次殴打、伤害他人或者一次殴打、伤害多人的。"《中华人民共和国刑法》第二百三十四条规定："故意伤害他人身体的，处三年以下有期徒刑、拘役或者管制。犯前款罪，致人重伤的，处三年以上十年以下有期徒刑；致人死亡或者以特别残忍手段致人重伤造成严重残疾的，处十年以上有期徒刑、无期徒刑或者死刑。本法另有规定的，依照规定。"

从上述法律规定可知，我国相关法律法规均明确规定了禁止对老年人实施家庭暴力，如果加害者实施家庭暴力的，其将面临治安管理处罚甚至被追究刑事责任。

当老年人遭遇家庭暴力时，建议受害者第一时间向公安机关报案。当地公安机关将根据情节轻重，对加害者作出治安管理处罚，处十日以上十五日以下拘留，并处五百元以上一千元以下罚款；或追究加害者的刑事责任。

建议老年人在报案后及时前往医疗机构就医，鉴定伤情。同时，老年人要留存好受伤照片、现场照片或视频、医院诊断证明、伤情报告等相应证据。老年人还可以向所在地居民委员会、村民委员会、妇联等单位求助。

必要时，老年人还可以申请人身安全保护令。老年人可以向居住地、加害人居住地或者家庭暴力发生地人民法院提交《人身安全保护令申请书》和遭受家庭暴力的相关证据，申请人身安全保护令，人民法院将会结合相关证据材料，依法作出裁定。

五、财产与人身保护

第 58 问

老年人遭到虐待该怎么解决？

根据《中华人民共和国老年人权益保障法》第三条第三款的规定："禁止歧视、侮辱、虐待或者遗弃老年人。"第七十六条还规定："干涉老年人婚姻自由，对老年人负有赡养义务、扶养义务而拒绝赡养、扶养，虐待老年人或者对老年人实施家庭暴力的，由有关单位给予批评教育；构成违反治安管理行为的，依法给予治安管理处罚；构成犯罪的，依法追究刑事责任。"《中华人民共和国治安管理处罚法》第四十五条规定："有下列行为之一的，处五日以下拘留或者警告：（一）虐待家庭成员，被虐待人要求处理的；（二）遗弃没有独立生活能力的被扶养人的。"《中华人民共和国刑法》第二百六十条还规定："虐待家庭成员，情节恶劣的，处二年以下有期徒刑、拘役或者管制。犯前款罪，致使被害人重伤、死亡的，处二年以上七年以下有期徒刑。第一款罪，告诉的才处理，但被害人没有能力告诉，或者因受到强制、威吓无法告诉的除外。"

我国法律明确禁止虐待老年人，如果虐待老年人的行为违反治安管理行为的，当地公安机关将依法给予治安管理处罚；构成犯罪的，则依法追究刑事责任。

当老年人遭到虐待时，建议老年人第一时间向公安机关报案。当地公安机关将根据情节轻重，对虐待者处以五日以下拘留或者警告。

老年人还可以直接向人民法院起诉，请求追究虐待者的刑事责任。在我国刑法上，虐待罪是告诉才处理的犯罪，在出现被害人重伤、死亡时，公安机关才会立案侦查并提交人民检察院提起公诉。对虐待家庭成员构成犯罪的，依法追究刑事责任。受害人可以依照《中华人民共和国刑事诉讼法》的有关规定，向人民法院提起自诉。

需要注意的是，虐待行为情节恶劣的才构成犯罪。情节恶劣是指虐待动机卑鄙、手段残酷、持续时间较长、屡教不改的，被害人是年幼、年老、病残者、孕妇、产妇等。一般家庭纠纷的打骂或者曾有虐待行为，但情节轻微，后果不严重的，不构成虐待罪。

五、财产与人身保护

第 59 问

老年人受到人身伤害时，怎样维护自己的权利？

根据《中华人民共和国老年人权益保障法》第七十三条规定："老年人合法权益受到侵害的，被侵害人或者其代理人有权要求有关部门处理，或者依法向人民法院提起诉讼。人民法院和有关部门，对侵犯老年人合法权益的申诉、控告和检举，应当依法及时受理，不得推诿、拖延。"第七十五条还规定："老年人与家庭成员因赡养、扶养或者住房、财产等发生纠纷，可以申请人民调解委员会或者其他有关组织进行调解，也可以直接向人民法院提起诉讼。人民调解委员会或者其他有关组织调解前款纠纷时，应当通过说服、疏导等方式化解矛盾和纠纷；对有过错的家庭成员，应当给予批评教育。人民法院对老年人追索赡养费或者扶养费的申请，可以依法裁定先予执行。"第七十六条还规定："干涉老年人婚姻自由，对老年人负有赡养义务、扶养义务而拒绝赡养、扶养，虐待老年人或者对老年人实施家庭暴力的，由有关单位给予批评教育；构成违反治安管理行为的，依法给予治安管理处罚；构成犯罪的，依法追究刑事责任。"

从上述法律规定可知，当老年人受到人身伤害时：

首先，可以申请人民调解委员会或者其他有关组织进行调解。老年人与家庭成员因赡养、扶养或者住房、财产等问题发生纠纷时，可以向人民调解委员会或者其他组织申请调解，上述组织在调解时，对有过错的家庭成员应当给予批评教育。

其次，老年人也可以通过提起诉讼解决。当老年人的合法权益受侵害时，也可以直接向人民法院起诉。如果因经济困难无力支付律师费用的，可向当地的司法行政机关申请法律援助。同时，如果老年人向法院预交诉讼费确有困难的，可以向人民法院申请缓交、减交、免交诉讼费。

最后，老年人还可以报警，请求对实施侵害者进行行政处罚，构成犯罪的，可请求追究实施侵害者的刑事责任。比如，有赡养义务而不赡养，甚至遗弃老年人，抢夺、骗取、偷盗或者故意毁坏老年人的财产，干涉老年人婚姻自由，构成违反治安管理行为的，依法给予治安管理处罚；情节特别严重，构成犯罪的，依法追究刑事责任。

五、财产与人身保护

第 60 问

老年人因年老生病丧失或部分丧失民事行为能力后,谁可以担任监护人,维护老年人的合法权益?

根据《中华人民共和国民法典》第二十八条的规定,无民事行为能力或者限制民事行为能力的老年人,由下列有监护能力的人按顺序担任监护人:(1)配偶;(2)父母、子女;(3)其他近亲属;(4)其他愿意担任监护人的个人或者组织。上述四类监护人按照顺序担任,必须具有监护能力。需要注意的是,其他愿意担任监护人的个人或者组织,必须经被监护人住所地的居民委员会、村民委员会或者民政部门同意。此外,第三十三条还规定:"具有完全民事行为能力的成年人,可以与近亲属、其他愿意担任监护人的个人或者组织事先协商,以书面形式确定自己的监护人,在自己丧失或者部分丧失民事行为能力时,由该监护人履行监护职责。"

从上述法律规定可知,对于因年老生病成为无民事行为能力或者限制民事行为能力的老年人,我国法律规定可以由监护人代理老年人实施民事法律行为,保护老年人的人身权利、财产权利以及其他合法权益。

如果对老年人的监护人的确定有争议的，根据《中华人民共和国民法典》第三十一条的规定，老年人的监护人可以由老年人住所地的居民委员会、村民委员会或者民政部门指定，如果有关当事人对指定不服的，可以向人民法院申请指定监护人。有关当事人也可以直接向人民法院申请指定监护人。居民委员会、村民委员会、民政部门或者人民法院会尊重被监护人即老年人的真实意愿，按照最有利于被监护人即老年人的原则在依法具有监护资格的人中指定监护人。

当然，在指定监护人前，被监护人的人身权利、财产权利以及其他合法权益处于无人保护状态的，可以由被监护人住所地的居民委员会、村民委员会、法律规定的有关组织或者民政部门担任临时监护人。需要注意的是，监护人被指定后，不得擅自变更；擅自变更的，不免除被指定的监护人的责任。

五、财产与人身保护

第61问

老年人的监护人不履行监护职责或者侵害老年人的合法权益时,该怎么办?

根据《中华人民共和国民法典》第三十四条第一款、第三款的规定,监护人可以代理被监护人实施民事法律行为,保护被监护人的人身权利、财产权利以及其他合法权益等。但老年人的监护人不履行监护职责或者侵害老年人的合法权益时,应当承担法律责任。

老年人还可以向人民法院申请撤销监护人资格,根据《中华人民共和国民法典》第三十六条的规定,当老年人的监护人有下列情形之一的,有关个人或者组织可以向人民法院申请撤销监护人资格,由人民法院安排必要的临时监护措施,并按照最有利于被监护人的原则依法指定监护人:(1)实施严重损害被监护人身心健康的行为;(2)怠于履行监护职责,或者无法履行监护职责且拒绝将监护职责部分或者全部委托给他人,导致被监护人处于危困状态;(3)实施严重侵害被监护人合法权益的其他行为。

前述有关个人、组织主要包括:其他依法具有监护资格的人，居民委员会、村民委员会、学校、医疗机构、妇女联合会、残疾人联合会、未成年人保护组织、依法设立的老年人组织、民政部门等。

需要注意的是，如果有关个人和民政部门以外的组织未及时向人民法院申请撤销监护人资格的，民政部门应当及时向人民法院申请。

五、财产与人身保护

第 62 问

邻居乱堆放垃圾、夜间制造噪声等影响到老年人正常生活的,该怎么办?

根据《中华人民共和国治安管理处罚法》第五十八条的规定:"违反关于社会生活噪声污染防治的法律规定,制造噪声干扰他人正常生活的,处警告;警告后不改正的,处二百元以上五百元以下罚款。"此外,《中华人民共和国民法典》第二百三十六条规定:"妨害物权或者可能妨害物权的,权利人可以请求排除妨害或者消除危险。"第二百八十八条规定:"不动产的相邻权利人应当按照有利生产、方便生活、团结互助、公平合理的原则,正确处理相邻关系。"第二百八十九条还规定:"法律、法规对处理相邻关系有规定的,依照其规定;法律、法规没有规定的,可以按照当地习惯。"《中华人民共和国老年人权益保障法》第七十四条规定:"不履行保护老年人合法权益职责的部门或者组织,其上级主管部门应当给予批评教育,责令改正。国家工作人员违法失职,致使老年人合法权益受到损害的,由其所在单位或者上级机关责令改正,或者依法给予处分;构成犯罪的，依法追究刑事责任。"

从上述法律规定可知，如果邻居乱堆放垃圾、夜间制造噪声等影响到老年人正常生活的，老年人可以先找小区物业管理公司进行投诉，让工作人员上门进行协调处理。

如果邻居不听劝告，仍故意乱堆放垃圾或夜间制造噪声的，老年人可以报警，公安机关将会对实施侵害者处警告；如实施侵害者经警告后不改正的，公安机关将对其处二百元以上五百元以下罚款。

需要注意的是，老年人还可以向人民法院提起诉讼，请求人民法院判决侵权方承担包括停止侵害、排除妨害在内的法律责任。如果因经济困难无力支付律师费用的，可向当地的司法行政机关申请法律援助。同时，如果老年人向人民法院预交诉讼费确有困难的，可以向人民法院申请缓交、减交、免交诉讼费。

六、预防诈骗

导读

近年来，针对老年人实施的诈骗层出不穷，一些不法分子打着"服务老人""关爱老人"的旗号招摇撞骗，老年人防骗意识薄弱，骗子巧舌如簧，致使很多老年人上当。养生保健、电信诈骗及投资理财的骗局等是涉老诈骗案的主要类型。被骗老年人在遭受财产损失的同时，更承受巨大的精神伤害，严重影响到晚年生活，其幸福感、获得感大为削减。

本部分介绍了不法分子针对老年人常见的诈骗方式，并对于"以房养老"、电信诈骗、养生保健陷阱、非法集资、投资理财陷阱、免费或低价旅游等常见的诈骗类型，对症下药，宣传防骗知识，以期帮助老年人有效识骗、防骗，让不法分子"不敢骗、不能骗、骗不了"，守好老年人的每一分养老钱。

六、预防诈骗

第 63 问

常见的诈骗方式有哪些?

1."保健品"骗局。诈骗分子往往瞄准老年人渴望健康的心理，前期通过各种手段了解老年人的需求和身体健康状况，通过赠送米、面、鸡蛋等小礼品，陪伴聊天解闷等方式取得老年人的信任后，开始推荐产品，打着祛病强身、偏方有奇效等幌子夸大保健品的功效，促使老年人购买保健品，实施欺骗。

2. 冒充公检法工作人员诈骗。诈骗分子会通过非法渠道获取老年人的个人信息，冒充公检法工作人员给老年人打电话，编造老年人涉嫌银行卡洗钱、拐卖妇女儿童或者是贩毒等罪名，同步发送仿冒的公检法网站、通缉令、财产冻结书等信息给老年人，对老年人进行威逼恐吓，然后对方就会说他可以帮老年人洗脱罪名，再让老年人把自己的钱转到他们所谓的安全账户中，从而达到诈骗的目的。

3. 代缴养老保险费骗局。诈骗分子以认识工作人员的名义，一次性收取未参保人员数万元的钱款，谎称可帮助未参保人员进行代办服务，让未参保人员误以为一次性补缴社会养老保险费即可享受养老金。

4. 销售虚假养老产品。诈骗分子通过提供免费旅游观光、情感陪护、虚假宣传等手段，采取商品回购、寄存代售、消费返利、会议营销、养生讲座等方式，诱骗老年人购买价格虚高的保健品或者假冒伪劣产品，涉嫌销售假冒伪劣商品和普通诈骗。

5. "黄昏恋"骗局。"黄昏恋"骗局其实就是"杀猪盘"骗局的一种，主要针对独身老年人，通过网络发展成为网恋后，通过编造各种理由索要钱财，随后拉黑对方，完成诈骗。

6. 冒充亲友骗钱。诈骗分子可能会冒充许久未联系的亲戚、朋友，给老年人打电话、发短信，或通过微信、QQ取得联系，然后说自己遇到了一个很紧急的状况，急需用钱，可能还会随之给老年人发来一些伪造的图片、语音等营造紧张气氛，让老年人赶紧给他转账。如果没有防范意识，老年人还是很容易上当受骗的。

7. 投资虚假养老项目。主要表现为以投资养老保险项目、投资开办养老院、购买养老公寓、入股养生基地、售后定期返点、高额分红等为诱饵，诱骗老年人参与非法集资或非法吸收公众存款。

8. 提供虚假养老服务。诈骗分子利用上门照料、机构托管、提供床位等形式，通过诱骗老年人签订合同、缴纳会费、购买养

六、预防诈骗

老床位、预交养老服务费用等手段,非法占有他人钱财,涉嫌合同诈骗、普通诈骗。

9.中奖诈骗。诈骗分子通过非法渠道获取个人信息,冒充中奖公司的工作人员给老年人打电话,告诉老年人虚假中奖信息,一旦老年人联系兑奖,诈骗分子就以"公证费""转账手续费""滞纳金"等各种名目要求汇钱,实施诈骗。

10.低价旅游骗局。诈骗分子以低价组织旅游活动,诱骗老年人旅游,然后通过强制、诱导、忽悠、捆绑销售等手段,欺骗老年人以高价购买商品,或者途中变相增加旅游费用。

11."以房养老"骗局。诈骗分子将目标瞄准老年人的房子,推出"以房养老"项目,忽悠老年人抵押房产贷款,将贷到的钱用于购买"高收益"的"理财项目"。前期老年人还能获得收益,而后诈骗分子卷钱跑路,房子也被强制过户,导致老年人钱房两空。

第 64 问

老年人如何防范"以房养老"骗局？

"以房养老"是指老年人住房反向抵押养老保险，即将住房抵押与终身养老年金保险相结合的创新型商业养老保险。拥有房屋完全合法产权的老年人将房产抵押给保险公司，继续拥有房屋占有、使用、收益和经抵押权人保险公司同意的处置权，并按照约定条件领取养老金直至身故；老年人身故后，保险公司获得抵押房产处置权，处置所得将优先用于偿付养老保险相关费用。

以"以房养老"为名诈骗，不法分子以国家政策名义掩盖非法集资的本质，打着高收益回报等旗号诱骗老年人办理房产抵押，诈骗资金，再把借来的钱拿去买其所推荐的理财产品，部分老年人最后失去了房子，还背负贷款。

不法分子所宣称的"以房养老"与国家试行的住房反向抵押养老保险完全无关，只是非法集资活动造势宣传的手段，根本不具备相应的资质、能力，是"以新还旧"的庞氏骗局，使得老年人被动抵押自己的房产，最后失去了房子，还背负贷款。

"以房养老"骗局有如下特点：一是，存在复杂的合同架构，

六、预防诈骗

如借款合同、抵押合同、委托合同、代为还款合同、养老服务协议等，形成法律闭环，老年人难以具备相应的专业判断能力。二是，实施套路贷的经营者在经营活动中经常夸大宣传，宣称自己有官方合作背景，获取老年人的信赖。三是，经营者经常安排其工作人员作为代为办理房屋出售或者抵押登记手续等全套事务的受托人甚至出资方。

老年人不要轻信任何高收益回报项目，要谨慎对待房产等大额投资项目，投资前要跟家人商量或咨询专业人士后再决定。在选择有关"第三方公证机构"时，要选择正规的、国家认可的机构。对任何需要签字的合同、文书内容要认真阅读，评估风险后再决定是否签署。

第65问

老年人如何防范电信诈骗？

电信诈骗有以下几种常见类型：一是，保健品诈骗，诈骗分子通常利用老年人关注养生保健的心理，通过电话推销，以高价出售无效或假冒伪劣的保健品，从而骗取老年人的财物。二是，投资理财诈骗，诈骗分子通过电话、短信等方式，以高额回报为诱饵，诱导老年人进行虚假投资，从而骗取钱财。三是，亲情诈骗，诈骗分子冒充老年人的亲朋好友，以各种理由向老年人借钱，从而达到诈骗的目的。四是，银行卡诈骗，诈骗分子通过冒充银行工作人员、公安人员等身份，以银行卡异常、涉嫌犯罪等理由，要求老年人将银行卡内的资金转移到所谓的"安全账户"，实际上却是将资金转移至诈骗分子的账户。五是，短信诈骗，诈骗分子通过发送虚假的短信内容，如中奖、积分兑换等，诱导老年人点击链接或拨打电话，进而骗取个人信息和钱财。

老年人防范电信诈骗，可以从以下几方面着手：（1）老年人要提高自我防范意识，学习有关电信诈骗的知识，了解诈骗分子的常用手段，提高识别能力，避免上当受骗。（2）及时向家人

六、预防诈骗

或朋友求助,老年人接到可疑电话或短信时,可以及时与家人或朋友联系,寻求帮助和建议。家人和朋友可以提供更多的信息和建议,帮助老年人避免被骗。(3)老年人可以安装一些防诈骗软件,这些软件可以自动识别和拦截诈骗电话、短信等,有效降低老年人受到电信诈骗的风险。(4)老年人要关注有关部门发布的防范电信诈骗的宣传资料和案例,通过学习这些资料和案例,提高自己的防范能力。(5)积极参加社区活动,老年人可以积极参加社区组织的各类活动,如防诈骗讲座、健康养生讲座等,提高自己的知识和技能,降低被骗的风险。

第 66 问

老年人如何避免养生保健陷阱？

现实生活中，经常有诈骗分子打着赠送鸡蛋、水果、小家电的幌子，专门租用场地向老年人宣传公司的"保健产品"和"治疗产品"，夸大功效，诱惑老年人花天价购买毫无作用的保健品或药品，从而实施诈骗。

老年人可以关注以下几方面来避免养生保健陷阱：首先，老年人要提高防骗意识，多关注新闻媒体、社区宣传栏，了解当前多发的各类诈骗手段，加强对诈骗伎俩的识别能力。其次，老年人要端正保健理念，坚持从正规的渠道获取科学的保健常识，到正规的医疗机构就医，不轻信所谓的特效药、神药、进口药。再次，老年人切莫贪图便宜，尤其是一些会员充值等商业活动，实际是包装过的庞氏骗局，切勿贪图高息回报陷入非法集资陷阱。最后，老年人要注意妥善保管自己的个人信息，并尽量避免通过公共网络使用金融服务。

六、预防诈骗

第 67 问

老年人如何防范非法集资陷阱？

非法集资是指单位或个人未依照法定程序经有关部门批准，以发行股票、债券、彩票、投资基金证券或其他债券凭证的方式向社会公众筹集资金，并承诺在一定期限内以货币、实物及其他方式向出资人还本付息或给予回报的行为。

老年人可以从以下几方面防范非法集资陷阱。

首先，老年人落入非法集资陷阱时，大多是被集资人许诺的高额利息、入股分红所吸引，忽略了高回报一定伴有高风险的事实。老年人要时刻谨记投资有风险，理财产品承诺的年化收益率如果过分高于银行同期理财产品年化收益率，此时应提高警惕。切勿轻易相信所谓的"稳赚不赔""无风险、高收益"宣传，不要投资业务不清、风险不明的项目，不受高收益诱惑而冲动投资，以免落入非法集资陷阱。

其次，老年人在投资前多与家人商量，老年人想要投资理财时，一定要和老伴儿、成年子女多沟通，让家人帮忙全面了解该产品后再理性投资。

最后，老年人要审慎选择投资理财对象，在选择理财产品时，最好到大型银行、证券公司等正规金融机构办理，选择其他机构购买理财产品时，一定要请子女提前做好其经营许可证、理财产品等相关信息的查询工作。

六、预防诈骗

第 68 问

老年人如何避开投资理财陷阱？

虚假投资理财的诈骗套路，是诱骗受害人下载虚假投资软件进行所谓的"网上投资理财"，前期通过微薄的获利，骗取信任，待受害者大额资金投入后卷款而逃，从而使受骗人血本无归。投资理财陷阱是损失金额最大的诈骗类型，网上所谓的"顾问"、客服及平台承诺、号称投钱就能"稳赚不赔"的投资都是诈骗。因此，老年人投资理财想要避开陷阱，需要牢记以下几点：

一是，老年人要树立风险意识，保持警惕。在选择理财产品时一定牢记"高收益、高风险"，不要轻信"高收益、无风险"的承诺。面对销售人员花样百出的销售手段、天花乱坠的说辞，要保持警惕，不要盲目投资。

二是，及时沟通，理性投资。老年人想要投资理财时，一定要和家人沟通，让家人特别是成年子女帮忙全面了解该产品后再决定，要理性投资，避免亲戚邻居一介绍就跟风购买。

三是，谨慎签字，留存证据。在选好投资产品后，对于要签署的文件，一定要仔细阅读，弄明白文件内容，不要出现"指哪签哪"的现象，注意保留书面文件。支付款项尽量不要取现支付，而是采取转账的方式，留下支付证据，以备维权之需。对于一些重要资料，如房产证、身份证、存折等一定不要让不熟悉的人代为保存；不要向不熟悉的人出具授权委托书委托其代办理财。

六、预防诈骗

第69问

免费、低价旅游可以相信吗？

免费、低价旅游是不可信的。免费、低价旅游主要有以下几种表现形式：（1）部分不良旅行社以低价游、免费游诱惑老年人参加旅游活动，或以赠送一定礼品揽客，骗取老年人的信任，在旅游过程中安排各种自费旅游项目和指定购物商店强制消费。通常导游与购物场所相互勾结，强制或诱导老年人高价购买假货或质量不达标的产品。（2）旅游途中安排健康或保健品销售讲座，以老年人现身说教，通过虚假宣传、强制、诱导、捆绑销售等手段，欺骗老年人不理性消费。（3）推出"旅游看房团"等旅游产品，利用"老年社区""养老基地"等以"养老"名义进行虚假宣传，诱骗老年人购买"养老房"。（4）推出"康养旅行团"等旅游产品，以体检、康养名义，诱骗老年人参与无资质医疗机构、无行医资质人员开展的非法诊疗活动等。

老年人预防免费、低价旅游诈骗，可以注意以下几方面：

一是，老年人可以下载注册"国家反诈中心"App，从源头上防止被骗。如遇可疑情况，及时报警。

二是，老年人在日常生活中要提高自我防范意识，尤其是要提防过分热情地主动上门介绍旅游项目、重点推荐免费旅游项目的人，对这些人必须坚决拒绝。老年人要提高防范意识，不要相信"天上掉馅饼"式的宣传，一定要做到不贪图小利，不轻信他人，参团旅游不要一味追求低价，不要被"赠送""低价"等宣传迷惑，要时刻保持清醒的头脑，牢记世上"没有免费的午餐""没有免费的旅游"。

三是，寻找正规的旅游团，"参团旅游"一定要找正规旅行社，安排持证的导游。正规的旅游团会有更加正规的旅行流程和人身及财产安全防范措施，并且还可根据自己的实际需求进行选择。不要轻易相信打着"免费"旗号的旅游团，宁可多花些钱，选择更加安全的出游方式，才能降低受骗概率，保障自身人身安全、财物安全。

四是，多和子女交流。老年人的信息来源少，社会活动参与度低，防范诈骗意识较薄弱，是各类诈骗犯罪的易受害人群。老年人遇到各类"优惠"活动时，一旦涉及资金来往，要多咨询子女意见，全方位分析利弊，避免遭受诈骗侵害。

七、社会参与

导读

老年人的社会参与,指老年人以就业劳动、社区社会活动、闲暇活动等形式开展的一系列活动。随着年龄的增长,健康状况和社会角色变化等因素的交互作用,老年人需要根据实际情况来重新参与社会活动。老年人参与社会活动有助于发挥老年人的人力和智力的潜能,也能进一步丰富老年人的生活,消除老年人离退休后产生的孤独感和失落感。在参与社会活动过程中,老年人能够向他人倾诉遇到的烦恼或困难,从他人处得到安慰和建议,达到疏解压力、获得情感支持的目的,有利于老年人保持心理健康。本部分从老年人的教育、老年人的再就业、老年人的日常生活等出发,鼓励老年人积极参与社会活动,增强法律意识,了解和解决自己的问题,同时也可以为其他老年人提供帮助和支持,实现老有所为、老有所养。

七、社会参与

第 70 问

老年人是否还可以再接受教育？

根据《中华人民共和国老年人权益保障法》第七十一条的规定："老年人有继续受教育的权利。国家发展老年教育，把老年教育纳入终身教育体系，鼓励社会办好各类老年学校。各级人民政府对老年教育应当加强领导，统一规划，加大投入。"

老年人有继续接受教育的权利，而且老年教育正在成为我国积极应对人口老龄化国家战略的重点工作之一。从上述法律规定可知，老年人可以再接受教育，政府也支持、鼓励和保障老年人受教育的权利。老年教育能使老年人不断更新知识、丰富生活、拓宽视野，是老年人保持身心健康和实现老有所为的有效途径。随着老年人物质生活水平的不断提高，精神养老、文化养老成为老年人重点关注的对象，通过老年教育，很多老年人可以找到健康快乐的幸福、社会需要的幸福、与时俱进的幸福，从而极大地提高自我认知的幸福感、获得感。

同时，老年人在学习中会经常用脑、经常思考，能更加清楚地认识世界的变化、充实生活，还能帮助他人答疑解惑，获得满足感与成就感。在老年教育中，老年人会学习到很多新鲜事物，接受现代观念的熏陶，更能对子女的想法产生理解与共鸣，减少与家人的矛盾。如果老年人不重视甚至忽视老年教育、老年学习的重要性，就难以跟上社会发展的步伐。

七、社会参与

第 71 问

老年人还能开车上路吗？有没有限制条件？

驾车年龄上限要视不同的车型而定。根据《机动车驾驶证申领和使用规定》第十四条的规定，申请小型汽车、小型自动挡汽车、残疾人专用小型自动挡载客汽车、轻便摩托车准驾车型的，在十八周岁以上。目前，对于 C 型小汽车没有明文规定老年人驾车年龄的上限，但根据《机动车驾驶证申领和使用规定》第七十四条第一款的规定，年龄在七十周岁以上的机动车驾驶人，应当每年进行一次身体检查，在记分周期结束后三十日内，提交医疗机构出具的有关身体条件的证明。体检和驾驶证审验如能正常通过，则不影响驾车。不过，老年人的身体机能逐渐下降，驾车风险性也随之增加，建议老年人尽量避免开车出行。

此外，根据《机动车驾驶证申领和使用规定》第六十五条的规定，年龄在六十周岁以上的，不得驾驶大型客车、重型牵引挂车、城市公交车、中型客车、大型货车、轮式专用机械车、无轨电车和有轨电车。持有大型客车、重型牵引挂车、城市公交车、中型客车、大型货车驾驶证的，应当到机动车驾驶证核发地或者核发地以外的车辆管理所换领准驾车型为小型汽车或者小型自动挡汽车的机动车驾驶证，其中属于持有重型牵引挂车驾驶证的，还可以保留轻型牵引挂车准驾车型。

年龄在七十周岁以上的，不得驾驶低速载货汽车、三轮汽车、轻型牵引挂车、普通三轮摩托车、普通二轮摩托车。持有普通三轮摩托车、普通二轮摩托车驾驶证的，应当到机动车驾驶证核发地或者核发地以外的车辆管理所换领准驾车型为轻便摩托车的机动车驾驶证；持有驾驶证包含轻型牵引挂车准驾车型的，应当到机动车驾驶证核发地或者核发地以外的车辆管理所换领准驾车型为小型汽车或者小型自动挡汽车的机动车驾驶证。

七、社会参与

第72问

对保障老年人的医疗需要有何法律规定？

根据《中华人民共和国老年人权益保障法》第十五条的规定，赡养人应当使患病的老年人及时得到治疗和护理；对经济困难的老年人，应当提供医疗费用。对生活不能自理的老年人，赡养人应当承担照料责任；不能亲自照料的，可以按照老年人的意愿委托他人或者养老机构等照料。

根据《中华人民共和国老年人权益保障法》第二十九条的规定，国家通过基本医疗保险制度，保障老年人的基本医疗需要。享受最低生活保障的老年人和符合条件的低收入家庭中的老年人参加新型农村合作医疗和城镇居民基本医疗保险所需个人缴费部分，由政府给予补贴。有关部门制定医疗保险办法，应当对老年人给予照顾。

另外，《中华人民共和国老年人权益保障法》第五十条还规定，政府和有关部门将老年医疗卫生服务纳入城乡医疗卫生服务规划，将老年人健康管理和常见病预防等纳入国家基本公共卫生服务项目。鼓励为老年人提供保健、护理、临终关怀等服务。国家鼓励医疗机构开设针对老年病的专科或者门诊。医疗卫生机构应当开展老年人的健康服务和疾病防治工作。

医疗机构应当为老年人就医提供方便，对老年人就医予以优先。有条件的地方，可以为老年人设立家庭病床，开展巡回医疗、护理、康复、免费体检等服务，提倡为老年人义诊等。

根据《中华人民共和国老年人权益保障法》第五十四条的规定，各级人民政府和有关部门应当为老年人及时、便利地领取养老金、结算医疗费和享受其他物质帮助提供条件。

七、社会参与

第 73 问

制定涉及老年人权益的法律、法规和公共政策，是否应听取老年人的意见？

根据《中华人民共和国老年人权益保障法》第六十八条的规定，制定法律、法规、规章和公共政策，涉及老年人权益重大问题的，应当听取老年人和老年人组织的意见。同时，老年人和老年人组织有权向国家机关提出老年人权益保障、老龄事业发展等方面的意见和建议。

老年人有参与社会发展的权利，《中华人民共和国老年人权益保障法》还从多方面规定、鼓励和保障老年人参与社会发展的权利。具体如下：

一是，国家为老年人参与社会发展创造条件。根据社会需要和可能，鼓励老年人在自愿和量力的情况下，从事下列活动：（1）对青少年和儿童进行社会主义、爱国主义、集体主义和艰苦奋斗等优良传统教育；（2）传授文化和科技知识；（3）提供咨询服务；（4）依法参与科技开发和应用；（5）依法从事经营和生产活动；（6）参加志愿服务、兴办社会公益事业；（7）参与维护社会治安、协助调解民间纠纷；（8）参加其他社会活动。

二是，老年人参加劳动的合法收入受法律保护。任何单位和个人不得安排老年人从事危害其身心健康的劳动或者危险作业。

三是，老年人有继续受教育的权利。国家发展老年教育，把老年教育纳入终身教育体系，鼓励社会办好各类老年学校。各级人民政府对老年教育应当加强领导，统一规划，加大投入。

四是，国家和社会采取措施，开展适合老年人的群众性文化、体育、娱乐活动，丰富老年人的精神文化生活。

七、社会参与

第 74 问

老年人再就业，如何更好地自我保护？

根据《中华人民共和国劳动合同法实施条例》第二十一条的规定："劳动者达到法定退休年龄的，劳动合同终止。"另外，《最高人民法院关于审理劳动争议案件适用法律问题的解释（一）》第三十二条规定："用人单位与其招用的已经依法享受养老保险待遇或者领取退休金的人员发生用工争议而提起诉讼的，人民法院应当按劳务关系处理。企业停薪留职人员、未达到法定退休年龄的内退人员、下岗待岗人员以及企业经营性停产放长假人员，因与新的用人单位发生用工争议而提起诉讼的，人民法院应当按劳动关系处理。"

从上述法律规定可知，老年人再就业，要做到自我保护，建议老年劳动者在入职前与用人单位签订书面协议，尤其是对工作内容、劳动报酬、期限、损害赔偿、医疗、加班补偿等事项进行书面约定，防范法律风险。因为老年劳动者与用人单位建立的是劳务关系，无法享受《中华人民共和国劳动法》《中华人民共和国劳动合同法》赋予劳动者的法定权利，即老年劳动者休息休假的权利无法得到其保障，工资水平也不受最低工资标准的限制，被用人单位辞退也无法享受经济补偿金或经济赔偿金。

在司法实践中，如果老年劳动者在工作中受伤或突发疾病，是否属于工伤存在争议，建议老年人在入职前做好体检，同时要求用人单位为其购买人身意外伤害保险。

第75问

老年人再就业属于法律意义上的"劳动者"吗？

根据《中华人民共和国劳动合同法实施条例》第二十一条的规定："劳动者达到法定退休年龄的，劳动合同终止。"另外，《最高人民法院关于审理劳动争议案件适用法律问题的解释（一）》第三十二条规定："用人单位与其招用的已经依法享受养老保险待遇或者领取退休金的人员发生用工争议而提起诉讼的，人民法院应当按劳务关系处理。企业停薪留职人员、未达到法定退休年龄的内退人员、下岗待岗人员以及企业经营性停产放长假人员，因与新的用人单位发生用工争议而提起诉讼的，人民法院应当按劳动关系处理。"《中华人民共和国民法典》第五百七十七条规定："当事人一方不履行合同义务或者履行合同义务不符合约定的，应当承担继续履行、采取补救措施或者赔偿损失等违约责任。"

从上述法律规定可知，已达到法定退休年龄的老年人再就业不属于法律意义上的"劳动者"，不属于《中华人民共和国劳动法》《中华人民共和国劳动合同法》的保护范围，此时老年人与用人单位签署的协议往往不属于劳动合同，而属于劳务合同。老年劳动者休息休假的权利往往无法得到有效保障，工资水平也不受最低工资标准的限制，被用人单位辞退也无法享受经济补偿金或经济赔偿金。

建议老年人再就业时，一定要与用人单位签订书面的劳务合同，明确双方的各项权利义务，尤其是工作内容、劳动报酬、期限、损害赔偿、医疗、加班补偿等，并做好相关材料的保存工作。

七、社会参与

第 76 问

已经达到法定退休年龄的老年人，在工作中发生伤亡事故，可以申请工伤保险待遇吗？

各地法院对于已经达到法定退休年龄的老年人发生伤亡事故是否可以申请工伤保险待遇，存在两种不同的观点。

一种观点认为，用人单位和超过法定退休年龄的老年人之间存在的虽然是劳务关系，但《工伤保险条例》并没有将超过法定退休年龄的老年人排除在适用范围之外，因此，已经达到法定退休年龄的老年人发生了符合法律、行政法规等规定的工伤情形，应认定为工伤，可以申请工伤保险待遇。

另一种观点则认为，工伤保险认定的前提应当为双方建立劳动关系。用人单位与已达法定退休年龄的老年人存在的是劳务关系，不属于《工伤保险条例》调整的范围。所以，已经达到法定退休年龄的老年人在工作中发生伤亡事故不可以申请工伤保险待遇，但老年人或其近亲属可以通过人身损害赔偿的民事诉讼途径解决纠纷。

八、社会保障

导读

本部分从企业职工基本养老保险、最低生活保障待遇、特困人员供养等制度着手，介绍老年人的社会保障体系，让老年人了解到养老相关的社会保障制度，以便自身或周围老年人朋友符合相应情形时，可以及时向当地政府申请相应救助。国家保障老年人依法享有的权益，老年人有从国家和社会获得物质帮助的权利，有享受社会服务和社会优待的权利，有参与社会发展和共享发展成果的权利。目前，我国已经基本建立起以基本养老制度为重点，以社会救助、长期照护、商业养老保险等为补充的老年人社会保障体系。国家和社会健全保障老年人权益的各项制度，建立城乡居民基本养老保险制度保障老年人的生活，还通过低保、特困供养等制度保障符合政策规定的困难老年人，逐步改善保障老年人生活、健康、安全以及参与社会发展的条件，实现老有所养、老有所医、老有所为、老有所依。

八、社会保障

第 77 问

企业职工基本养老保险缴费年限不够，能办退休和领养老金吗？

《中华人民共和国社会保险法》第十六条规定："参加基本养老保险的个人，达到法定退休年龄时累计缴费满十五年的，按月领取基本养老金。参加基本养老保险的个人，达到法定退休年龄时累计缴费不足十五年的，可以缴费至满十五年，按月领取基本养老金；也可以转入新型农村社会养老保险或者城镇居民社会养老保险，按照国务院规定享受相应的养老保险待遇。"

所以参加职工基本养老保险的个人达到法定退休年龄时，累计缴费年限不足十五年的，有以下三种处理办法：

一是，老年人可以申请延长缴费至满十五年，然后按月领取基本养老金。其中社会保险法实施前即在2011年7月1日前已经参加职工基本养老保险的人员，延长缴费五年后仍不足十五年的，可以一次性缴费至满十五年。

二是，老年人可以申请转入户籍所在地城乡居民社会养老保险，享受相应的养老保险待遇。

三是，老年人可以书面申请终止职工基本养老保险关系。当地社保机构按照程序，经本人书面确认后，终止其职工养老保险关系，并将个人账户储存额一次性支付给本人。

八、社会保障

第78问

什么情形才可以享受最低生活保障待遇？

根据《城市居民最低生活保障条例》第八条的规定："县级人民政府民政部门经审查，对符合享受城市居民最低生活保障待遇条件的家庭，应当区分下列不同情况批准其享受城市居民最低生活保障待遇：（一）对无生活来源、无劳动能力又无法定赡养人、扶养人或者抚养人的城市居民，批准其按照当地城市居民最低生活保障标准全额享受；（二）对尚有一定收入的城市居民，批准其按照家庭人均收入低于当地城市居民最低生活保障标准的差额享受。县级人民政府民政部门经审查，对不符合享受城市居民最低生活保障待遇条件的，应当书面通知申请人，并说明理由。管理审批机关应当自接到申请人提出申请之日起的30日内办结审批手续。城市居民最低生活保障待遇由管理审批机关以货币形式按月发放；必要时，也可以给付实物。"

从上述法律规定可知，认定城市低保对象的三个基本条件是申请人的户籍状况、家庭收入和家庭财产。换言之，申请享受最低生活保障待遇，必须满足以下几个条件：一是，属于申请地户籍居民，持有相关户籍材料；二是，无生活来源，无劳动能力又无法定赡养人、扶养人或抚养人，以及虽有法定赡养人、扶养人或抚养人但其无赡养、扶养或抚养能力；三是，家庭月人均收入低于当地最低生活保障标准的居民。

需要注意的是，根据《城市居民最低生活保障条例》第十四条的规定，享受城市居民最低生活保障待遇的城市居民有下列行为之一的，由县级人民政府民政部门给予批评教育或者警告，追回其冒领的城市居民最低生活保障款物；情节恶劣的，处冒领金额1倍以上3倍以下的罚款：（1）采取虚报、隐瞒、伪造等手段，骗取享受城市居民最低生活保障待遇的；（2）在享受城市居民最低生活保障待遇期间家庭收入情况好转，不按规定告知管理审批机关，继续享受城市居民最低生活保障待遇的。

八、社会保障

第 79 问

享受特困人员供养待遇需要满足什么条件？

根据《民政部关于印发〈特困人员认定办法〉的通知》第四条的规定，同时具备以下条件的老年人、残疾人和未成年人，属于特困人员救助供养范围：（1）无劳动能力；（2）无生活来源；（3）无法定赡养、抚养、扶养义务人或者其法定义务人无履行义务能力。

首先，根据《民政部关于印发〈特困人员认定办法〉的通知》第五条的规定，本办法所称的无劳动能力主要指以下情形之一：（1）六十周岁以上的老年人；（2）未满十六周岁的未成年人；（3）残疾等级为一、二、三级的智力、精神残疾人，残疾等级为一、二级的肢体残疾人，残疾等级为一级的视力残疾人；（4）省、自治区、直辖市人民政府规定的其他情形。

其次，根据《民政部关于印发〈特困人员认定办法〉的通知》第六条的规定，无生活来源是指收入低于当地最低生活保障标准，且财产符合当地特困人员财产状况规定的。此处所称收入包括工资性收入、经营净收入、财产净收入、转移净收入等各类收入。中央确定的城乡居民基本养老保险基础养老金、基本医疗保险等社会保险和优待抚恤金、高龄津贴不计入在内。

最后，根据《民政部关于印发〈特困人员认定办法〉的通知》第八条的规定，法定义务人符合下列情形之一的，属于本办法所称的无履行义务能力：(1)特困人员；(2)六十周岁以上的最低生活保障对象；(3)七十周岁以上的老年人，本人收入低于当地上年人均可支配收入，且其财产符合当地低收入家庭财产状况规定的；(4)重度残疾人和残疾等级为三级的智力、精神残疾人，本人收入低于当地上年人均可支配收入，且其财产符合当地低收入家庭财产状况规定的；(5)无民事行为能力、被宣告失踪或者在监狱服刑的人员，且其财产符合当地低收入家庭财产状况规定的；(6)省、自治区、直辖市人民政府规定的其他情形。

八、社会保障

第80问

特困人员供养制度有哪些内容？

根据《社会救助暂行办法》第十五条的规定："特困人员供养的内容包括：（一）提供基本生活条件；（二）对生活不能自理的给予照料；（三）提供疾病治疗；（四）办理丧葬事宜。特困人员供养标准，由省、自治区、直辖市或者设区的市级人民政府确定、公布。特困人员供养应当与城乡居民基本养老保险、基本医疗保障、最低生活保障、孤儿基本生活保障等制度相衔接。"

从上述规定可知，特困人员供养的内容主要包括：

1.提供基本生活条件，包括供给粮油、副食品、生活用燃料、服装、被褥等日常生活用品和零用钱。

2.对生活不能自理的给予照料，包括日常生活、住院期间的必要照料等基本服务。

3.提供疾病治疗，全额资助参加城乡居民基本医疗保险的个人缴费部分；医疗费用按照基本医疗保险、大病保险和医疗救助等医疗保障制度规定支付后仍有不足的，由救助供养经费予以支持。

4.办理丧葬事宜,特困人员死亡后的丧葬事宜,集中供养的由供养服务机构办理,分散供养的由乡镇人民政府(街道办事处)委托村(居)民委员会或者其亲属办理。

5.住房救助,对符合规定标准的住房困难的分散供养特困人员,通过配租公共租赁住房、发放住房租赁补贴、农村危房改造等方式给予住房救助。

6.教育救助,对在义务教育阶段就学的特困人员,给予教育救助;对在学前教育、高中教育(含中等职业教育)、普通高等教育阶段就学的特困人员,根据实际情况给予适当教育救助;具体特困人员供养标准,由省、自治区、直辖市或者设区的市级人民政府确定、公布。

另外,特困人员供养制度还会与城乡居民基本养老保险、基本医疗保障、最低生活保障、孤儿基本生活保障等制度相衔接。

八、社会保障

第 81 问

如何申请特困人员供养？

根据《民政部关于印发〈特困人员认定办法〉的通知》第十条的规定，申请特困人员救助供养，由本人向户籍所在地乡镇人民政府（街道办事处）提出书面申请。本人申请有困难的，可以委托村（居）民委员会或者他人代为提出申请。申请材料主要包括本人有效身份证明，劳动能力、生活来源、财产状况以及赡养、抚养、扶养情况的书面声明，承诺所提供信息真实、完整的承诺书，残疾人应当提供中华人民共和国残疾人证。申请人及其法定义务人应当履行授权核查家庭经济状况的相关手续。

在申请特困人员供养后，当地乡镇人民政府（街道办事处）将在受理申请之日起十五个工作日内，通过入户调查、邻里访问、信函索证、信息核对等方式，对申请人的经济状况、实际生活状况以及赡养、抚养、扶养状况等进行调查核实，并提出初审意见。申请人以及有关单位、组织或者个人应当配合调查，如实提供有关情况。村（居）民委员会应当协助乡镇人民政府（街道办事处）开展调查核实。

在调查核实过程中，乡镇人民政府（街道办事处）可视情况组织民主评议，在村（居）民委员会协助下，对申请人书面声明内容的真实性、完整性及调查核实结果的客观性进行评议。

随后，乡镇人民政府（街道办事处）将初审意见及时在申请人所在村（社区）公示，公示期为七天。公示期满无异议的，乡镇人民政府（街道办事处）应当将初审意见连同申请、调查核实等相关材料报送县级人民政府民政部门。对公示有异议的，乡镇人民政府（街道办事处）应当重新组织调查核实，在十五个工作日内提出初审意见，并重新公示。

县级人民政府民政部门应当全面审核乡镇人民政府（街道办事处）上报的申请材料、调查材料和初审意见，按照不低于30%的比例随机抽查核实，并在十五个工作日内提出确认意见。

对符合救助供养条件的申请，县级人民政府民政部门应当及时予以确认，建立救助供养档案，从确认之日下月起给予救助供养待遇，并通过乡镇人民政府（街道办事处）在申请人所在村（社区）公布。

不符合条件、不予同意的，县级人民政府民政部门应当在作出决定的三个工作日内，通过乡镇人民政府（街道办事处）书面告知申请人或者其代理人并说明理由。

八、社会保障

第82问

哪些老年人可以被政府兴办的养老机构优先服务？

根据《中华人民共和国老年人权益保障法》第四十一条的规定："政府投资兴办的养老机构，应当优先保障经济困难的孤寡、失能、高龄等老年人的服务需求。"《养老机构管理办法》第六条第一款规定："政府投资兴办的养老机构在满足特困人员集中供养需求的前提下，优先保障经济困难的孤寡、失能、高龄、计划生育特殊家庭等老年人的服务需求。"

关于特困人员，指同时具备以下条件的老年人、残疾人和未成年人：（1）无劳动能力；（2）无生活来源；（3）无法定赡养、抚养、扶养义务人或者其法定义务人无履行义务能力。

首先，前文所称的无劳动能力主要指以下情形之一：（1）六十周岁以上的老年人；（2）未满十六周岁的未成年人；（3）残疾等级为一、二、三级的智力、精神残疾人，残疾等级为一、二级的肢体残疾人，残疾等级为一级的视力残疾人；（4）省、自治区、直辖市人民政府规定的其他情形。

其次，前文所称无生活来源是指收入低于当地最低生活保障标准，且财产符合当地特困人员财产状况规定的。收入包括工资性收入、经营净收入、财产净收入、转移净收入等各类收入。中央确定的城乡居民基本养老保险基础养老金、基本医疗保险等社会保险和优待抚恤金、高龄津贴不计入在内。

最后，前文所称无履行义务能力的人员主要包括：（1）特困人员；（2）六十周岁以上的最低生活保障对象；（3）七十周岁以上的老年人，本人收入低于当地上年人均可支配收入，且其财产符合当地低收入家庭财产状况规定的；（4）重度残疾人和残疾等级为三级的智力、精神残疾人，本人收入低于当地上年人均可支配收入，且其财产符合当地低收入家庭财产状况规定的；（5）无民事行为能力、被宣告失踪或者在监狱服刑的人员，且其财产符合当地低收入家庭财产状况规定的；（6）省、自治区、直辖市人民政府规定的其他情形。

八、社会保障

第83问

哪些老年人由人民政府给予救济？

根据《中华人民共和国老年人权益保障法》第三十一条的规定，国家对经济困难的老年人给予基本生活、医疗、居住或者其他救助。老年人无劳动能力、无生活来源、无赡养人和扶养人，或者其赡养人和扶养人确无赡养能力或者扶养能力的，由地方各级人民政府依照有关规定给予供养或者救助。对流浪乞讨、遭受遗弃等生活无着的老年人，由地方各级人民政府依照有关规定给予救助。

另外，根据《中华人民共和国老年人权益保障法》第二十八条至第三十四条的规定，国家对老年人有如下保障措施：

一是，国家通过基本养老保险制度，保障老年人的基本生活。

二是，国家通过基本医疗保险制度，保障老年人的基本医疗需要。享受最低生活保障的老年人和符合条件的低收入家庭中的老年人参加新型农村合作医疗和城镇居民基本医疗保险所需个人缴费部分，由政府给予补贴。有关部门制定医疗保险办法，应当对老年人给予照顾。

三是，国家逐步开展长期护理保障工作，保障老年人的护理需求。对生活长期不能自理、经济困难的老年人，地方各级人民政府应当根据其失能程度等情况给予护理补贴。

四是，国家对经济困难的老年人给予基本生活、医疗、居住或者其他救助。老年人无劳动能力、无生活来源、无赡养人和扶养人，或者其赡养人和扶养人确无赡养能力或者扶养能力的，由地方各级人民政府依照有关规定给予供养或者救助。对流浪乞讨、遭受遗弃等生活无着的老年人，由地方各级人民政府依照有关规定给予救助。

五是，地方各级人民政府在实施廉租住房、公共租赁住房等住房保障制度或者进行危旧房屋改造时，应当优先照顾符合条件的老年人。

六是，国家建立和完善老年人福利制度，根据经济社会发展水平和老年人的实际需要，增加老年人的社会福利。国家鼓励地方建立八十周岁以上低收入老年人高龄津贴制度。国家建立和完善计划生育家庭老年人扶助制度。农村可以将未承包的集体所有的部分土地、山林、水面、滩涂等作为养老基地，收益供老年人养老。

七是，老年人依法享有的养老金、医疗待遇和其他待遇应

八、社会保障

当得到保障,有关机构必须按时足额支付,不得克扣、拖欠或者挪用。国家根据经济发展以及职工平均工资增长、物价上涨等情况,适时提高养老保障水平。

九、救济与维权

导读

老年人在生活中面临着可能会侵害自身权益的各类风险，且这些风险随着老年人年龄的增长、生理机能的减弱、民事行为能力的下降而逐渐增多。老年人因法律知识欠缺，而更加处于弱势地位。为此，本部分主要介绍了老年人维权的渠道、方式，法律援助的申请条件、服务内容、申请方式等，以期帮助老年人了解相关法律知识，勇敢拿起法律武器维护自身合法权益。

老年人在合法权益受到侵害时，可以向当地的村委会、居委会以及老年人组织申请调解，或向当地公安机关报案，或向人民法院提起诉讼，维护自己的合法权益。如老年人经济困难、无力支付法律服务费用的，还可以向当地的法律援助机构申请免费的法律援助。

九、救济与维权

第 84 问

当老年人的合法权益受到侵害时，有哪些救济途径？

根据《中华人民共和国老年人权益保障法》第七十三条的规定："老年人合法权益受到侵害的，被侵害人或者其代理人有权要求有关部门处理，或者依法向人民法院提起诉讼。人民法院和有关部门，对侵犯老年人合法权益的申诉、控告和检举，应当依法及时受理，不得推诿、拖延。"此外，第七十六条还规定："干涉老年人婚姻自由，对老年人负有赡养义务、扶养义务而拒绝赡养、扶养，虐待老年人或者对老年人实施家庭暴力的，由有关单位给予批评教育；构成违反治安管理行为的，依法给予治安管理处罚；构成犯罪的，依法追究刑事责任。"

从上述法律规定可知，当老年人的合法权益受到侵害时，可以采取以下救济措施：

一是，调解解决。当老年人与家庭成员因赡养、扶养、房屋、财产等发生纠纷时，可以要求所在地的村民委员会、居民委员会居中调解。

二是，诉讼解决。当老年人的合法权益受到侵害时，也可以直接向人民法院起诉。如果因经济困难无力支付律师费用的，可向司法行政机关申请法律援助，由法援机构审查同意后指派律师免费提供法律服务。预交诉讼费确有困难的，还可以向人民法院申请缓交、减交、免交诉讼费。

三是，报警处理。如果家庭成员有赡养义务而不赡养，甚至遗弃老年人，抢夺、骗取、偷盗或者故意毁坏老年人的财产，干涉老年人婚姻自由，构成违反治安管理行为的，公安机关将依法给予治安管理处罚；情节特别严重，构成犯罪的，可以请求公安机关立案侦查，并提交检察机关提起公诉。

九、救济与维权

第 85 问

老年人的合法权益受侵害又没有钱起诉，该怎么解决？

根据《中华人民共和国老年人权益保障法》第五十六条的规定："老年人因其合法权益受侵害提起诉讼交纳诉讼费确有困难的，可以缓交、减交或者免交；需要获得律师帮助，但无力支付律师费用的，可以获得法律援助。鼓励律师事务所、公证处、基层法律服务所和其他法律服务机构为经济困难的老年人提供免费或者优惠服务。"《中华人民共和国法律援助法》第三十一条规定："下列事项的当事人，因经济困难没有委托代理人的，可以向法律援助机构申请法律援助：（一）依法请求国家赔偿；（二）请求给予社会保险待遇或者社会救助；（三）请求发给抚恤金；（四）请求给付赡养费、抚养费、扶养费；（五）请求确认劳动关系或者支付劳动报酬；（六）请求认定公民无民事行为能力或者限制民事行为能力；（七）请求工伤事故、交通事故、食品药品安全事故、医疗事故人身损害赔偿；（八）请求环境污染、生态破坏损害赔偿；（九）法律、法规、规章规定的其他情形。"

从上述法律规定可知，当老年人因其合法权益受侵害又没有钱起诉的，可以申请法律援助。法律援助，是国家建立的为经济困难公民和符合法定条件的其他当事人无偿提供法律咨询、代理、刑事辩护等法律服务的制度，是公共法律服务体系的组成部分。

法律援助机构服务的对象包括存在经济困难、无力支付法律服务费用的老年人。对于老年人而言，请求发放抚恤金，请求给付赡养费、扶养费，因家庭暴力、虐待等行为导致自身合法权益受到侵害等事项，都可以申请到法律援助。

如果老年人预交人民法院的诉讼费确有困难的，可以向人民法院申请缓交、减交或者免交。同时，政府还鼓励律师事务所、公证处、基层法律服务所和其他法律服务机构为经济困难的老年人提供免费或者优惠服务。

九、救济与维权

第 86 问

老年人可以获得哪些形式的法律援助？

法律援助，是国家建立的为经济困难公民和符合法定条件的其他当事人无偿提供法律咨询、代理、刑事辩护等法律服务的制度，是公共法律服务体系的组成部分。根据《中华人民共和国法律援助法》第二十二条的规定，老年人可以向当地的法律援助机构申请获得下列形式的法律援助服务：

1. 法律咨询，就咨询问题进行分析、提出法律意见或（和）初步方案；

2. 代拟法律文书，如合同、民事起诉状、证据清单、申请书等法律文书；

3. 刑事辩护与代理，代为辩护、代为出庭等；

4. 民事案件、行政案件、国家赔偿案件的诉讼代理及非诉讼代理；

5. 值班律师法律帮助；

6. 劳动争议调解与仲裁代理；

7. 法律、法规、规章规定的其他形式。

第 87 问

哪些情形下老年人可以申请法律援助？

老年人因其合法权益受侵害提起诉讼但无力支付律师费用的，可以获得法律援助。包括下列情形：

1.根据《中华人民共和国法律援助法》第二十四条的规定，如果老年人作为刑事案件的犯罪嫌疑人、被告人因经济困难或者其他原因没有委托辩护人的，老年人及其近亲属可以向法律援助机构申请法律援助。

2.根据《中华人民共和国法律援助法》第二十五条的规定，如果老年人为刑事案件的犯罪嫌疑人、被告人，同时又属于下列人员之一，没有委托辩护人的，人民法院、人民检察院、公安机关应当通知法律援助机构指派律师担任辩护人：（1）视力、听力、言语残疾人；（2）不能完全辨认自己行为的成年人；（3）可能被判处无期徒刑、死刑的人；（4）申请法律援助的死刑复核案件被告人；（5）缺席审判案件的被告人；（6）法律法规规定的其他人员。其他适用普通程序审理的刑事案件，老年人作为被告人，没有委托辩护人的，人民法院可以通知法律援助机构指派律师担任辩护人。

3.根据《中华人民共和国法律援助法》第三十一条的规定，如果老年人作为下列事项的当事人，因经济困难没有委托代理人的，可以向法律援助机构申请法律援助：（1）依法请求国家赔偿；（2）请求给予社会保险待遇或者社会救助；（3）请求发给抚恤金；（4）请求给付赡养费、扶养费；（5）请求支付劳动报酬；（6）请求认定公民无民事行为能力或者限制民事行为能力；（7）请求工伤事故、交通事故、食品药品安全事故、医疗事故人身损害赔偿；（8）请求环境污染、生态破坏损害赔偿；（9）法律、法规、规章规定的其他情形。

4.根据《中华人民共和国法律援助法》第三十二条的规定，如果老年人有下列情形之一，申请法律援助的，不受经济困难条件的限制：（1）英雄烈士近亲属为维护英雄烈士的人格权益；（2）因见义勇为行为主张相关民事权益；（3）再审改判无罪请求国家赔偿；（4）遭受虐待、遗弃或者家庭暴力的受害人主张相关权益；（5）法律、法规、规章规定的其他情形。

此外，根据《中华人民共和国法律援助法》第四十八条的规定，有下列情形之一的，法律援助机构将会作出终止法律援助的决定：（1）受援人以欺骗或者其他不正当手段获得法律援助；（2）受援人故意隐瞒与案件有关的重要事实或者提供虚假证据；

(3)受援人利用法律援助从事违法活动;(4)受援人的经济状况发生变化,不再符合法律援助条件;(5)案件终止审理或者已经被撤销;(6)受援人自行委托律师或者其他代理人;(7)受援人有正当理由要求终止法律援助;(8)法律法规规定的其他情形。另外,法律援助人员发现有前述规定情形的,应当及时向法律援助机构报告。

九、救济与维权

第 88 问

老年人如何申请法律援助？

根据《中华人民共和国法律援助法》第四十一条的规定："因经济困难申请法律援助的，申请人应当如实说明经济困难状况。法律援助机构核查申请人的经济困难状况，可以通过信息共享查询，或者由申请人进行个人诚信承诺。法律援助机构开展核查工作，有关部门、单位、村民委员会、居民委员会和个人应当予以配合。"第四十二条还规定："法律援助申请人有材料证明属于下列人员之一的，免予核查经济困难状况：（一）无固定生活来源的未成年人、老年人、残疾人等特定群体；（二）社会救助、司法救助或者优抚对象；（三）申请支付劳动报酬或者请求工伤事故人身损害赔偿的进城务工人员；（四）法律、法规、规章规定的其他人员。"此外，《法律援助条例》第十七条规定："公民申请代理、刑事辩护的法律援助应当提交下列证件、证明材料：（一）身份证或者其他有效的身份证明，代理申请人还应当提交有代理权的证明；（二）经济困难的证明；（三）与所申请法律援助事项有关的案件材料。申请应当采用书面形式，填写申请表；

以书面形式提出申请确有困难的，可以口头申请，由法律援助机构工作人员或者代为转交申请的有关机构工作人员作书面记录。"第十八条规定："法律援助机构收到法律援助申请后，应当进行审查；认为申请人提交的证件、证明材料不齐全的，可以要求申请人作出必要的补充或者说明，申请人未按要求作出补充或者说明的，视为撤销申请；认为申请人提交的证件、证明材料需要查证的，由法律援助机构向有关机关、单位查证。对符合法律援助条件的，法律援助机构应当及时决定提供法律援助；对不符合法律援助条件的，应当书面告知申请人理由。"第十九条还规定："申请人对法律援助机构作出的不符合法律援助条件的通知有异议的，可以向确定该法律援助机构的司法行政部门提出，司法行政部门应当在收到异议之日起5个工作日内进行审查，经审查认为申请人符合法律援助条件的，应当以书面形式责令法律援助机构及时对该申请人提供法律援助。"

从上述法律规定可知，老年人申请法律援助的，应当向有管辖权的法律援助机构提出申请，并向法律援助人员如实陈述与法律援助事项有关的情况，及时提供证据材料，协助、配合办理法律援助事项。

老年人申请法律援助应当提交下列证件、证明材料：（1）身份证或者其他有效的身份证明，代理申请人还应当提交有代理权

九、救济与维权

的证明。(2)经济困难的证明。(3)与所申请法律援助事项有关的案件材料。提出申请应当采用书面形式,填写申请表;以书面形式提出申请确有困难的,可以口头申请,由法律援助机构工作人员或者代为转交申请的有关机构工作人员作书面记录。

图书在版编目（CIP）数据

从零开始学法律．老年人法律常识 88 问 / 李伟龙著．-- 北京：中国法制出版社，2025.1（2025.7 重印）
ISBN 978-7-5216-4305-3

Ⅰ．①从… Ⅱ．①李… Ⅲ．①法律－基本知识－中国 Ⅳ．① D920.4

中国国家版本馆 CIP 数据核字（2024）第 049092 号

策划编辑：成知博（chengzhibo@zgfzs.com）
责任编辑：潘环环　　　　　　　　　　　　　　　　　　封面设计：杨鑫宇

从零开始学法律．老年人法律常识 88 问
CONG LING KAISHI XUE FALÜ. LAONIANREN FALÜ CHANGSHI 88 WEN

著者 / 李伟龙
经销 / 新华书店
印刷 / 北京虎彩文化传播有限公司
开本 / 880 毫米 ×1230 毫米　32 开　　　　　　　印张 / 7　字数 / 71 千
版次 / 2025 年 1 月第 1 版　　　　　　　　　　　2025 年 7 月第 2 次印刷

中国法制出版社出版
书号 ISBN 978-7-5216-4305-3　　　　　　　　　　定价：29.80 元

北京市西城区西便门西里甲 16 号西便门办公区
邮政编码：100053　　　　　　　　　　　　　　　传真：010-63141600
网址：http://www.zgfzs.com　　　　　　　　　　编辑部电话：010-63141813
市场营销部电话：010-63141612　　　　　　　　　印务部电话：010-63141606
（如有印装质量问题，请与本社印务部联系。）